イナカをツクル

わくわくを見つけるヒント

嵩　和雄 著
筒井一伸 監修

コモンズ

はじめに

私が農山村に関心を持ったのは大学時代だ。東洋大学入学とほぼ同時に紹介された、農村まちづくり系の個人コンサルタント事務所でアルバイトをしたのがきっかけであった。小さいころの夏休みは新潟県柏崎市にある母の実家に長期滞在していたが、とくに農山村志向だったわけではない。

アルバイト先での最初の作業はかつて大判の製図図面などに多用された青焼きへの色塗りで、等高線に沿ってマーカーで塗り分ける。あるいは、航空写真を見ながら植生図をつくる。そんな作業の休み時間に、書庫にあるまちづくりの専門書を読みふけった。そこで見た数々のまちづくりの事例、とくに有斐閣の『全国まちづくり集覧』（ジュリスト増刊総合特集）は譲り受けていまでも大切にしている。

学部時代は法学部だったから、授業にまちづくりの話はまったく出てこない。でも、卒業論文のテーマには、「都市景観と市民によるまちづくり条例」を選んだ。その勉強会で出会ったのが、工学部の内田雄造教授だった。その後、大学院で理系に転身し、内田研究室でまちづくりを専門に学ぶようになる。先生からは「常に生活者の視点に立ったまちづくり」を教えられ、自分の思考のベースとなっている。

その後、「都営住宅の建て替えと住民運動」を研究テーマにして、建て替え反対派住民のヒアリングに行って話を聞くと、ほとんど地方出身者ばかりだった。こうして、都市問題の裏には農村問題があるのではないかと考えるようになる。また、アルバイトで行った山梨県のある村のマスタープランづくりに関する調査で、集落の区長さんに望ましい村の将来像を聞いた際に言われた、「こんな計画つくっても、君らのような若者がいなかったら村はなくなるんだよ」という言葉も、強く印象に残っている。

そして、フランスに旅行に行った際に訪れた小さな村。名前も正確な場所も思い出せないが、街道筋にぽつんとある寂れた村なのに、なんだか賑わいがある。イギリスからの移住者がカフェを始めたり、B&Bを経営したりと、悲壮感がない。カフェで働く若者に「パリのような都会に行きたくないの？」と聞いたら、「なぜ、パリなんかに行かなきゃいけないんだ」と返された。当時の私は、フランスにも若者の向都志向があると思い込んでいた。

東京に住み続けなければいけない地方出身の生活困窮者、座して村が衰退していくのを見続けなければならない区長さん、そして都市ではなく地方で暮らすことが自分の幸せだと言い切るフランス農村の若者。この三つの光景が自分にとってのターニングポイントだった。

それらを踏まえて、むらおこし手法としての都市農村交流を研究するようになる。そこで決定的だったのは、国土庁（当時）の「地域づくりインターン事業」に２０００年に参加したことである。その後、都市農村交流による地域活性化の可能性を研究し続け、熊本県阿蘇《あそ》郡小国《おぐに》町に長期フィールドワークに行き、そのまま住み着いて、地域づくり活動をなりわいにした。現在は、約９年間の地方暮らしの経験をもとに、地方移住を推進する認定ＮＰＯ法人１００万人のふるさと回帰・循環運動推進・支援センター（以下「ふるさと回帰支援センター」という）で働いている。

この本では、自らの経験に基づいて、地方に少し興味がある若い人たちが「もっと地方のことを知りたい」「イナカに行ってみたい」と好奇心を持つように、工夫したつもりだ。インターネットでいくらでも地方の情報が手に入る時代だが、この本を読んで、地方を訪ね、それを契機にして自分にとっての「イナカ」をつくってもらえれば、幸いである。

イナカをツクル　目次

01 「田舎」と「イナカ」

私が農村のまちづくり研究を始めた1990年代半ば、まだ農村部は「鄙《ひな》」「田舎」という感覚から抜け切れていなかったのか、ヒアリングに行くたびに「こんな田舎によく来たね」と言われたものだ。たしかに、東京を基準にすると「何もない」。

自分の中でそんな感覚が変わったのが、フランスの農村での体験だ。パリにいた知り合いに連れられて訪問したその村は寂れてはいたが、パリやロンドンから移住した住民がビストロやB&Bを開業し、生き生きと暮らしている姿を目の当たりにした。それから20年、現在の日本の農山村にも若者が都会から移住し、ゲストハウスやカフェを開業するようになっている。

いま地方移住を考える若者の多くは、農山村に対して極端なマイナスイメージを持つことが少ない。当然、少子化や過疎化・高齢化などの事実は知っているし、収入が下がることも知っている。それでも都会から離れて地方を選択する彼らが共通して言うのは、「地方の可能性」である。

かつて、地方出身者が都会を離れて地方に戻ることは「都落ち」と呼ばれ、その行為自体がマイナスイメージであった。ところが、田舎を知らない都会の若者だけでなく、地方出身の若者がUターンを考え始めている。2015年のふるさと回帰支援センターの相談者のうちUターン希望者の割合はなんと35・6%で、2014年の25・5%を10ポイントも超えている（2010年は19・3%、2012年は18・6%だった）。また、2016年以降も3割台である。

「田舎」が可能性のある「イナカ」に変化しつつある現在の動きを、これから取り上げていきたい。

人口の約45%が移住者となった和歌山県 東《ひがし》牟《む》婁《ろ》郡那智勝浦町色川地区

さまざまな移住のかたち

Uターン：地方出身者が都会に出たあと、もともと住んでいた地域に戻る
Ｉターン：都会出身者が縁のない地方に移り住む
Ｊターン：地方出身者が都会に出たあと、出身地でない近隣地域に移り住む
孫ターン：都市出身者の孫の世代が祖父母の住む地方に移り住む
Ｘターン：地方出身者が離婚後に実家に移り住む
嫁ターン：都市出身者が地方の妻の実家に移り住む

地方移住が一般化しつつある中で、さまざまな移住のかたちが見られるようになった。これらのうちＩターンとＪターンは移住先に地縁がないだけに、定住にあたっては地域側からのサポートが重要になる。

02 いのちをつなぐスープ

福岡県朝倉市に住む古い知り合いの福丸未央《ふくまるみお》さんから、ご主人の裕明《ひろあき》さんのためにつくった「いとしのスープ」の商品化の知らせが届いた。

二人は、私が7年半暮らした熊本県小国町で開かれている「九州ツーリズム大学」(55ページ参照)の卒業生同士。それぞれ別の農産物直売所で働いていて、農と食を通じたまちづくりを実践するなかで、良きライバルとして、良き相談相手として認め合い、いつしかパートナーとなったのだ。

2013年に、ふるさと回帰支援センターで受託した農林水産省の六次産業化起業研修を福岡県で実施した際、私はエリアコーディネートを福丸夫妻に依頼。彼らのもとに地元・朝倉地域(福岡県中南部)の農家や新規就農した移住者らが集まった。初めて会うメンバーで学び、つくり、食べる。こうした濃密な3カ月間の研修を行うなかで、意気投合したメンバーと夫妻で「食のあさくら研究会」を立ち上げた。

だが、加工品づくりと販売をとおして地域を元気にしていこうとする動きが盛り上がってきたとき、裕明さんが倒れる。以前患った口腔ガンの再再発であった。そこで、食べることを至上の楽しみにしていた裕明さんのために、料理研究家・辰巳芳子さんの本にヒントをもらいながら、研究会メンバーが栽培した野菜や果物をもとに、夫妻の「食べるために生きる」スープづくりの挑戦が始まる。

毎日つくられるスープに筆談でプロの視点からアドバイスを続けた裕明さんは、残念ながら2015年末に他界。彼が美味しいと言ったスープを商品化することが、未央さんの目標になった。

そしていま、食べることを諦めなかった裕明さんと一緒につくりあげたスープがここにある。

商品化された「いとしのスープ」

いとしのスープ

　未央さんが朝倉地域の生産者と会って人参やほうれん草など旬の素材を選び、一つひとつ手作業で下処理し、素材に合わせて味を調整するスープ。具材や調味料を追加したり、煮物やゼリーに使ったり…自由に仕上げられる。

(https://home.livingfk.com/content/life_special/2028?page=2)

03 映画の中の農村

東京都内の私立大学で「農村観光論」という講義を受け持っている。最初の講義で受講生の出身地を聞く。いつも7割近くの受講生が首都圏出身で、そのうち半数が祖父母も首都圏に住む、いわゆる「田舎」を持っていない学生である。2回目の講義では、農村のイメージを描いてもらう。すると、ほとんどの学生がなだらかな山、ゆるやかな川、そして整備された田んぼの三点セットを書いてくる。刷り込まれた農村のイメージなのだろう。

講義の最後のレポートでは、農山村を対象にした日本映画を見て、その農村描写について書くことを課題としている。毎年3割もの学生が取り上げるのは『となりのトトロ』だ。

『となりのトトロ』は1988年の宮崎駿監督のアニメ映画で、舞台となるのは昭和20年代後半の狭山丘陵（埼玉県と東京都の都県境）周辺をモチーフとした里山である。一日に数本しか来ないボンネットバスや、家のまわりに畑・溜池などがある風景描写は、いまどきの大学生にも「なつかしい」と思わせる普遍的な原風景としての農村なのだろう。テレビでも何度となく放映されているので、もしかしたら子ども心に農村の原風景として印象づけられているのかもしれない。

そのほかに取り上げられた映画でも、圧倒的に多かったのはアニメ作品である。当然、映画はフィクションだが、虚構の舞台としての農村はアニメ作品にふさわしいのかもしれない。

一方で、邦画を中心に、自分も知らなかった農村を取り上げた作品が意外と多くあることを教えられた。これから、いろいろ見てみたい。

学生が選んだ、農村を舞台にした日本映画トップ 10

	2015 年	2016 年	2017 年
1	となりのトトロ	天然コケッコー	リトル・フォレスト夏・秋
2	WOOD JOB！～神去なあなあ日常～	リトル・フォレスト夏・秋	君の名は。
3	天然コケッコー	WOOD JOB！～神去なあなあ日常～	おおかみこどもの雨と雪
4	おもひでぽろぽろ	銀の匙 Silver Spoon	WOOD JOB！～神去なあなあ日常～
5	おおかみこどもの雨と雪	おおかみこどもの雨と雪	天然コケッコー
6	サマーウォーズ	おもひでぽろぽろ	リトル・フォレスト冬・春
7	キツツキと雨	リトル・フォレスト冬・春	溺れるナイフ
8	人生、いろどり	サマーウォーズ	大人ドロップ
9	ももへの手紙	祖谷物語―おくのひと―	銀の匙 Silver Spoon
10	しあわせのパン	奇跡のリンゴ	キツツキと雨

（注）2016 年から『となりのトトロ』は除外。

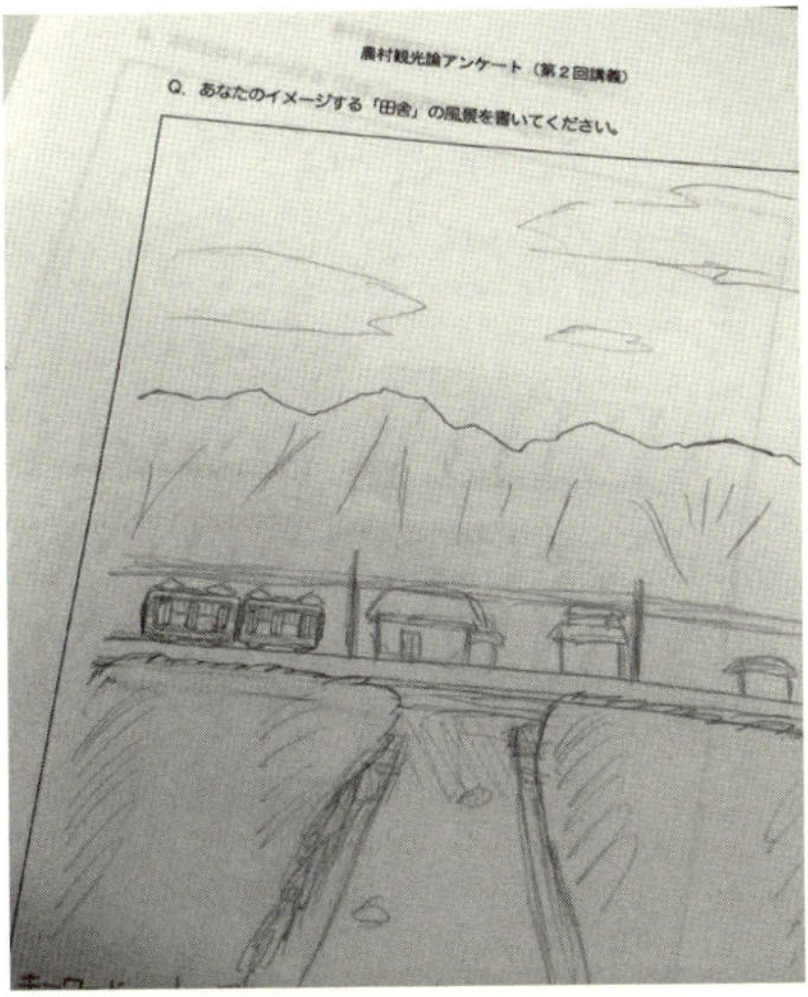

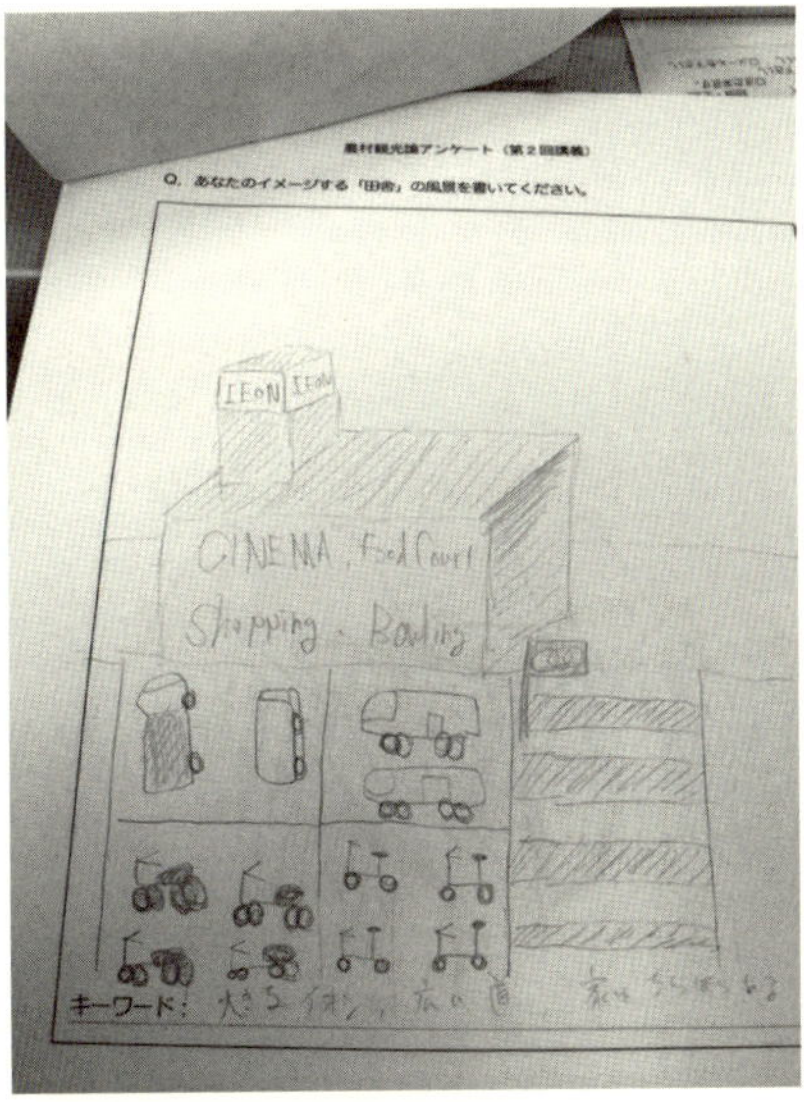

学生のイメージする「田舎」の風景。山・川・田んぼ以外を書く
学生のほとんどは、地方出身者あるいは「イナカ」を持つ学生だ

04 ゴジラから逃げる日

２０１６年夏に、家族で『シン・ゴジラ』を見た。それから2年になるが、これまでのゴジラ映画にはなかった圧倒的絶望感が、いまも忘れられない。そして、東京に住む３６０万人を疎開（避難）させる場面で総理大臣が言った、「疎開をさせるということは、その人の生活を奪うっていうことだ」という言葉が頭に残る。

先の戦争から約70年が経ち、疎開という言葉はいまの若者にはピンとこないかもしれない。一方、疎開という言葉そのものにいまだに拒否感を覚える高齢者もいるだろう。映画鑑賞後に借りた１９５４年製作の初代『ゴジラ』の劇中では、「また疎開か」という市民のセリフがある。戦後10年経っていないなかで、疎開の記憶が新しいのだろう。

現在の疎開といえば、２００２年に早稲田商店街（東京都新宿区）が始めた「震災疎開パッケージ」や、鳥取県八頭《やず》郡智頭《ちづ》町の〝疎開〟保険がある。智頭町の〝疎開〟保険は掛け金1万円で、災害時は7日間、食事付きで受け入れる。また、災害が起こらず、疎開しなくても、年に1回特産品が届く。

両者ともに、単に疎開先を紹介するだけではない。事前に、見学ツアーや、田植えや稲刈りなどの交流プログラムを実施し、顔の見える関係と安心感を得られる機会をつくっていることがポイントだ。

避難先としての「ふるさと」を持たない人びとが都会に増えているなかで、疎開保険は金銭を介した都市住民と地方とのセーフティ・ネットの構築である。「生活を奪う」疎開から、「生活を再建する」ための疎開へ。今後は、都市農村交流事業そのものが、セーフティ・ネットとしての「ふるさと」をつくる手段になるのかもしれない。

「智頭町疎開保険チラシ」(鳥取県智頭町企画課)

疎開保険の概要

名称：智頭町疎開保険　募集主体：智頭町役場企画課
募集対象：日本に在住の方どなたでもお申込いただけます　募集人員：先着 1,000 名
疎開受入条件：地震・噴火・津波等を原因とする災害救助法が発令された地域の加入者
疎開補助：智頭町内および近隣町村提携施設の宿泊場所の確保・提供
　　　　　1 日 3 食 7 日分(ただし、現金での支給ではありません)
加入料金：1 人コース　10,000 円／年　ファミリー 2 人コース　15,000 円／年
　　　　　ファミリー 3 ～ 4 人コース　20,000 円／年
保険期間：加入日から 1 年間
(出典)智頭町ウェブサイト(http://www1.town.chizu.tottori.jp/sokaihoken/index.html)。

05 課題解決がビジネスに

2017年3月11日、東京都千代田区の有楽町駅前広場で兵庫県多可《たか》郡多可町の「あったかふるさと物産展」があり、戸田善規《よしのり》町長(当時)自らが地域の紹介をしていた。

私の職場・ふるさと回帰支援センターは有楽町にあり、全国の物産販売展も多く開催している。ふだんはさっと見るだけだが、多可町のNPO法人cambioが出店していた鹿肉の無添加ペットフード売り場に掲示されていた「地域課題解決型ペットフード」という文字に、思わず足が止まった。そういえば10年ほど前に、ペットフード業界でも食品偽装問題が発覚し、2009年に「愛がん動物用飼料の安全性の確保に関する法律」(通称:ペットフード安全法)が施行された。パートナーとしてのペットに対する食の安全意識の高まりも、開発の背景にあるのだろう。

また、獣害対策の一環として、各地で獣肉の解体・加工施設が造られ、さまざまな加工品開発を行うようになっている。実は、減少傾向であった狩猟免許の新規取得者数は近年、増加傾向にある。狩猟免許合格者数は2009年の1万人強から2014年には1万5000人近くにまで増えているのだ。狩猟免許所持者数も2009年以降、微増傾向にある。これも農山村への関心の高まりと見るべきだろうか。

鳥獣害の増加に悩む秋田県鹿角《かづの》市では、狩猟免許取得に際して講習料などの経費の9割を助成している。当然、移住者にも適用される。狩猟にまったく関心のなかった移住者が、獣害を目の当たりにして免許取得を目指すケースも出てきている。自分事として地域課題に目を向け始めたのだろう。

多可町の鹿肉ペットフードづくりはビジネスとしての地域課題解決であり、その担い手は障がい者を雇用する多機能型就労継続支援事業所だ。ペットも飼っていないのに、思わず買いたくなってしまった。

多可町の道の駅「山田錦発祥のまち・多可」で売られているペットフード「TASHIKA」。連休になると売り切れる商品も出るほどの人気

全国における狩猟免許所持者数（年齢別）の推移（1975～2015年度）

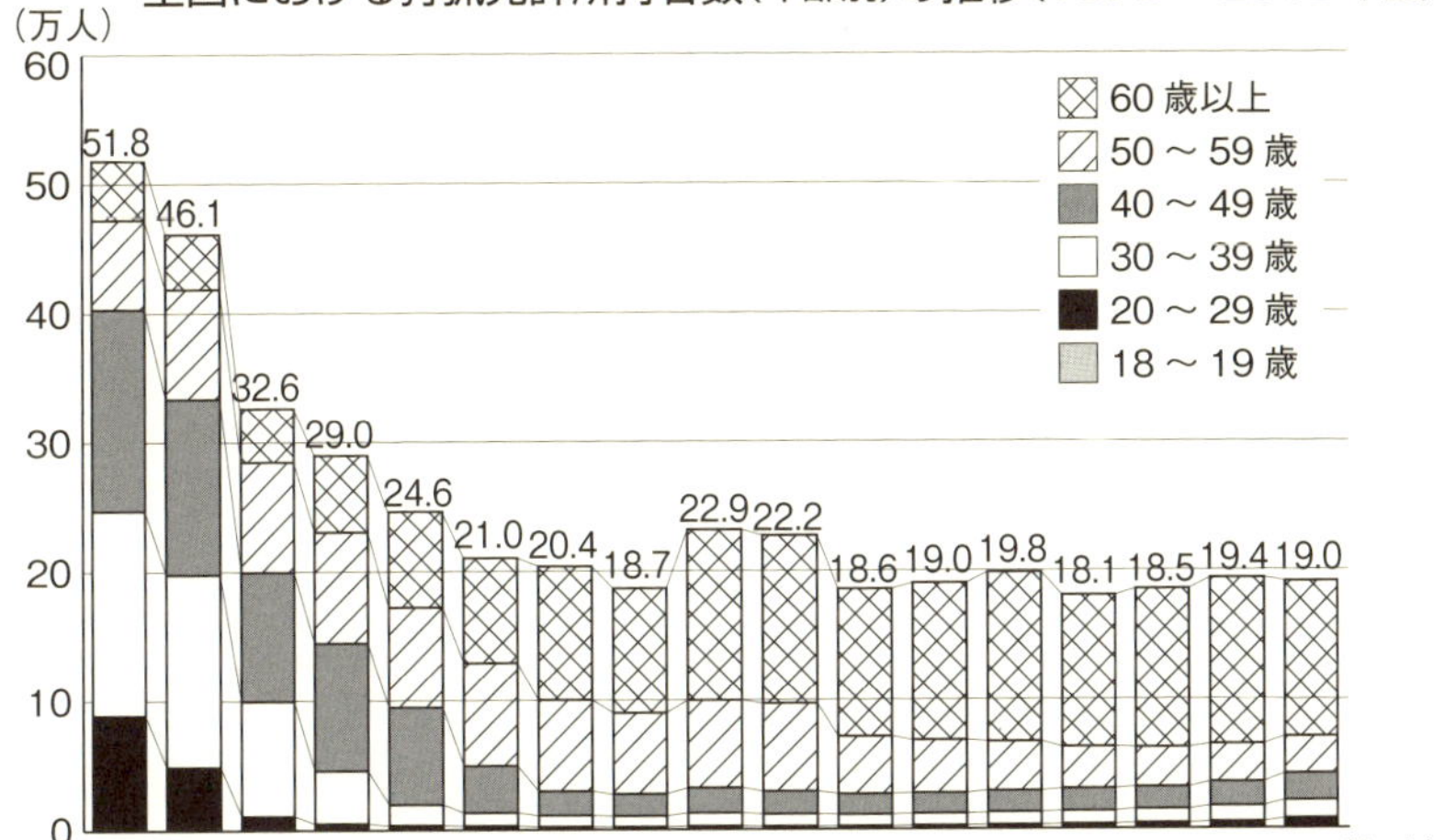

（出典）環境省自然環境局野生生物課鳥獣保護管理室「野生鳥獣に係る各種情報　捕獲数及び被害等の状況等　狩猟者・捕獲数等の推移等」（https://www.env.go.jp/nature/choju/docs/docs4/index.html）。

06 農村型のワークシェアリング

久々に元気の出る講演を聞いた。それは、和歌山県内の地域おこし協力隊員向け研修会に講師として呼ばれた岡山県美作《みまさか》市上山《うえやま》地区で暮らす元地域おこし協力隊員・水柿大地《みずがきだいち》さんの話で、タイトルは「多業によるなりわい起こし」。水柿さんは地域で生きていくために、「稼ぎ」と「ムラの仕事」と「文化継承イベント」の3つのバランスを考えているという。

協力隊員時は収入が保証されていたから、お金にならない「ムラの仕事」と「文化継承イベント」に相当の労力を割けたが、任期が切れるとそうはいかない。彼のバランス感覚は絶妙だ。実際に自分の1日の活動をとおした収入の内訳が示された。

水柿さんには、次の6つの稼ぎ(なりわい)がある。①ニンニク生産を主とした農林業、②地元高齢者の暮らしをサポートする「みんなの孫プロジェクト」、③NPO事務局、④カフェ経営、⑤キャンプ場運営、⑥講演・研修・視察対応や補助事業の手伝い。ムラの仕事などの地域活動には、年間5%ほどの時間を費やす。そして、この稼ぎ(なりわい)づくりで一番重視しているのが地域との関連性である。彼のすべての仕事の中心には上山地区という「地域」があり、すべてのなりわいがそこから派生している。

「多業」を直訳すると「マルチワーク」だが、本質的には百近くの仕事をこなす「百姓」でもある。地方移住後の暮らし方の一つのモデルとしては、農村型ワークシェアリングと呼ぶべきだろうか。水柿さんの活動の詳細は、大学の卒業論文代わりに書いた『21歳男子、過疎の山村に住むことにしました』(岩波ジュニア新書、2014年)に詳しい。

訪問した当時、水柿さんの住まい兼カフェであった「いちょう庵」。
現在は新たに移住してきた若者が運営を引き継いでいる

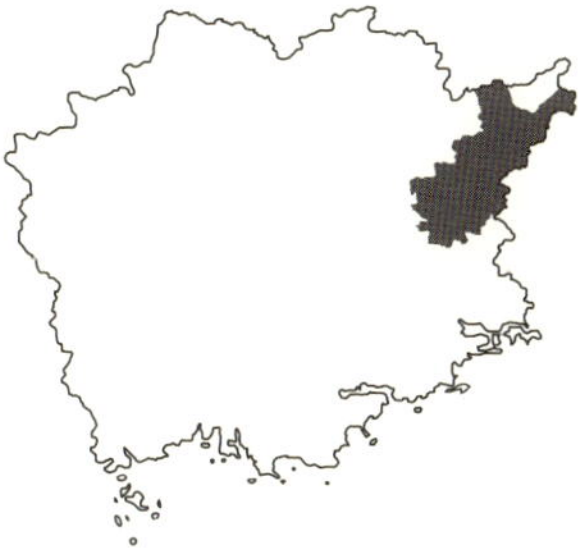

岡山県美作市

■基本データ（2015 年国勢調査）
面　積：429.29㎢
人　口：27,977 人
世帯数：10,881 世帯
高齢化率：38.9%
第 1 次産業人口：14.4%
第 2 次産業人口：29.8%
第 3 次産業人口：54.7%

■美作市は中国山地の東部、岡山県の北東部に位置し、北は鳥取県、東は兵庫県と接する。2005 年 3 月 31 日に勝田郡勝田町、英田郡美作町・大原町・作東町・英田町・東粟倉村の 5 町 1 村の合併によって誕生した。市内には、美作三湯の一つとして知られる湯郷温泉や、宮本武蔵の生誕地、岡山国際サーキットなどがある。

上山地区は人口 196 人、85 世帯で、谷間の集落を覆い尽くす約 8300 枚の壮大な棚田群がある。千年以上も昔に築かれたと言われるこの日本最大級の棚田群は、高齢化により耕作放棄地へと姿を変えていったが、2007 年より一般社団法人上山集楽が中心となって棚田の再生に取り組んでいる。

07 農的暮らしと農地問題

ふるさと回帰支援センターでは初めて来場する方に、氏名や住所などの個人情報のほか、移住を希望する道府県、暮らし方・職業・地域類型・住まいなどを書き込んだ相談カードへ記入してもらい、さまざまな質問をする。そのうち希望する就労形態では、「農業」という回答が毎年2割程度ある。ところが、詳しく話を聞いてみると、生業としての農業ではないようだ。必要な面積を聞くと、20坪や100坪など。家庭菜園の延長程度で、ほとんどはいわゆる「農的暮らし」のイメージだ。

移住希望者を含めて都市住民によく知られていないのが「農地法」による制限である。耕作放棄地問題が報道され、使われていない農地であれば誰でも無条件に借りられると思っている人は非常に多い。たしかに農地法第3条による取得する面積の下限は緩和されたものの、まだまだ移住者が耕すには広すぎる。

これに対して、長野県飯山市では2017年6月に、農用地区域（農業振興地域内にある、長期にわたって農業上の利用を確保すべき土地）以外の農地取得の下限面積要件を2アール（約60坪）に引き下げた。また、島根県雲南《うんなん》市や兵庫県宍粟《しそう》市などでは、空き家バンクに登録されている物件に遊休農地が付随している場合にかぎり、下限面積を1アールとしている。いずれも、家庭菜園程度の農地を希望する移住希望者が多いという現状をふまえて、農業委員会が見直しを行った。

さらに、和歌山県日高郡日高川《ひだかがわ》町では、特定農地貸付法で利用権を設定して農地を貸し出している。小さい農地を借りた後、周囲の農家から仕事ぶりを認められ、新たに借りて耕作面積を増やす移住者も多いという。

農業と移住者の農的志向への理解を増やすためにも、こうした入り口づくりが重要となるだろう。

13市町、特例で要件緩和
下限1アール以下に
空き家とセットで農地取得

空き家と一緒に取得することを条件に、農地を取得する際の下限面積を緩和する自治体が増えている。2009年の農地法改正で新設された、地域の実情に応じて各市町村の農業委員会が下限面積を引き下げる特例を生かし、農地の有効活用を促すのが狙いだ。移住者を増やし、地方活性化や空き家問題などの課題解決に乗り出している。

農水省によると、下限面積を緩和したのは昨年4月1日の時点で、岐阜県白川町や三重県亀山市、兵庫県宍粟市など13市町あった。いずれも空き家と合わせて、農地を取得する場合の下限面積を1アール以下に引き下げている。

農地の購入や借り入れをする場合、原則として農地取得後の経営面積は都府県で50アール以上、北海道で2ヘクタール以上必要となる。しかし、09年の農地法の改正で担い手不足など地域の実情に応じて、各市町村の農業委員会が下限面積を緩和できる特例ができた。

一方、少子高齢化に伴う人口減少が進む中、地方を中心にした空き家問題が深刻になっている。全国の空き家数は13年に819万戸で5年前と比べて8％増えている。

こうした状況を打破しようと、特例を生かして実績を上げているのが宍粟市だ。16年度から空き家を移住者らにあっせんする「空き家バンク」で登録した農地付き空き家を購入する場合、下限面積を1アールとする仕組みを導入。同バンクには農地付き空き家がこれまで8件の登録があり、このうち6件が成約に至った。

購入したのは、家庭菜園として農地を活用して地方暮らしを楽しむ40～60代の移住者ら。宍粟市農業委員会は「空き家を買っても農地だけが残り農地が荒れてしまうケースがあった。農地を取得しやすくし、耕作放棄地の発生を防ぎたい。新規就農者も呼び込みたい」と期待する。

下限面積を0・01アールと他の市町より小さく設定する佐賀市農業委員会も「移住者を増やすため、なるべく小さい下限面積にした。中山間地の過疎地対策につなげたい」と強調する。

農水省は「農地法改正の狙いは、多様な農業の担い手確保だ。地方がそれに応え、創意工夫して特例を活用している」（農地政策課）とみる。国土交通省も、空き家問題解消に向け、補助事業を設けて地方の取り組みを支援する。

（出典）『日本農業新聞』2017年5月3日。

08 地域のなりわいをつくる

かつてふるさと回帰支援センターでは、「ふるさと起業塾」という事業を行っていた。２００８年のリーマン・ショック後の雇用情勢の悪化から、若年層の地方回帰の動きが見え始めたころだ。

「都会に仕事がないから田舎へ」という、どちらかと言えば消極的な移住志向が多かったが、実際には地方には都会以上に「働き場」がない。でも、それで移住を諦めるのではなく「なりわい起こしを」と考えた、東京都内での座学を中心とする人材育成事業だった。

その後、内閣府の地域社会雇用創造事業に採択され、「農村資源の六次産業化プロジェクト」として起業支援金の提供を行い、全国に１００名の「ふるさと起業家」を輩出した。そのなかには移住者だけでなく、地域に雇用の場をつくることで地域を元気にしたい、という地元在住者も多い。

あるとき、立て続けに、ふるさと起業家がセンターを訪問してくれたことがある。

ひとりは宮崎県西臼杵《にしうすき》郡高千穂《たかちほ》町の秋元《あきもと》集落で「高千穂ムラたび」を設立し、農家民宿を運営するほか、どぶろくや甘酒などを製造・販売する飯干淳志《いいほしあつし》さん。農林水産省の「ディスカバー農山漁村（むら）の宝」事業で特別賞の「プロデュース賞」を受賞された帰りだった。売り上げは伸びており、従業員も10名に増え、その半数は地域外出身者だという。佐賀県藤津《ふじつ》郡太良《たら》町で田島柑橘園を営む田島彰一《しょういち》さんは、販売イベントのついでに訪ねられた。いったんは起業を断念しかけたが、法人化で融資を受けやすくなり、「新商品の開発など、まだまだ頑張れるんです」とおっしゃっていた。

こうした地方でのなりわいづくりを諦めない人たちに、元気をもらう日々だ。

飯干さんが商品化した甘酒「ちほまろ」。1カ月に5万本の売り上げにまでなった

年に一度、東京での出張販売も行う田島さん(右)。商品化されたジュース「セニョリータ陽子」はJR九州のクルーズトレインななつ星でも提供されている

農村資源の6次産業化プロジェクトの応募分類

	起業テーマ	応募数	構成比(%)	合格数	合格率(%)	備　　考
地域複合アグリビジネス	1．新たな農産物の生産と加工流通	50	13.0	17	34.0	耕作放棄地活用
	2．農林水産物(規格外品)等の加工	96	24.9	30	31.3	規格外農・海産物活用、木工・家具
	3．農水産物の販売・流通	56	14.5	10	17.9	流通ルート開拓、移動販売、ＣＳＡ構築
	4．農水産物活用のレストラン	45	11.7	10	22.2	地産地消のレストラン
	小　計	247	64.2	67	27.1	
ふるさと回帰産業	5．空き家の開発	8	2.1	1	12.5	空き家活用、ダーチャ開発
	6．農村・農産物へのＩＴ活用	7	1.8	1	14.3	Webマーケティング、農村ＩＴ化
	7．農村へのサービス提供	45	11.7	14	31.1	廃校活用、農村支援
	小　計	60	15.6	16	26.7	
次世代ツーリズム	8．農水産物(食)ツーリズム	32	8.3	10	31.3	食文化観光、ヒーリングツーリズム
	9．観光・教育の農園・漁園	14	3.6	3	21.4	観光農園、子どもの教育
	10．健康・医薬等の開発	10	2.6	1	10.0	医薬・化粧品、健康道場
	小　計	56	14.5	14	25.0	
その他	11．その他の農村6次産業	15	3.9	0	0.0	
	12．福祉ケア事業(6次産業以外)	7	1.8	3	42.9	「震災復興コンペ」(仙台)等での特別枠
	計	385	100.0	100	26.0	

(出典) NPO法人ふるさと回帰支援センター『ふるさと起業家 成果報告』2012年。

09 半農半Xとリスク分散

2003年に『半農半Xという生き方』という本が出版された。「半農半X」は、一九九九年に故郷の京都府綾部《あやべ》市にUターンした塩見直紀氏が提唱した考え方・生き方だ。「半自給的な農業」と「やりたい仕事」を両立させるというコンセプトは広く共感を得て、書籍は文庫化され、中国や台湾、韓国でも翻訳出版されている。

この本で紹介される多種多様な暮らしが田舎暮らしを希望する若者を中心に支持されているのは、なぜか。それは、兼業農家という生き方にとどまらず、個人が社会に積極的に関わることのできる天職としての「X」探しを提案しているからだろう。

総務省が推進してきた地域おこし協力隊の卒業生も、地域に残る手段として「半農半X」あるいは「多業」に取り組み始めている。16ページで紹介した水柿大地さんも、そのひとりだ。彼のような多業は、仮にどれか一つがうまくいかなくなっても、他のなりわいでリカバリーできるという点で、リスク分散としての意味合いもある。

2016年4月に発生した熊本地震では、道路の寸断などで、孤立する地域が多かった。だが、かつて私が働いていた小国町の(一財)学びやの里が指定管理者となっている温泉施設「博士の湯」(交流宿泊施設「木魂館《もっこんかん》」に併設)は改修で薪ボイラーを導入しており、災害時でも外部からの燃料は必要としない。だから、自然エネルギーの域内供給によって、避難者に無償で温かい風呂を提供できた。これも、農村ならではのリスク分散と言えるだろう。

博士の湯に導入された大型の薪ボイラー。薪は地元住民が持ち込み、軽トラック1台で約6000円分の地域通貨「モリ券」と引き換えられる。この地域通貨は町内約80カ所の商店などで利用できる

半農半X

半自給的な農業とやりたい仕事を両立させる生き方。自ら米や野菜などのおもだった農作物を育て、安全な食材を手に入れる一方で、個性を活かした自営的な仕事にも携わり一定の生活費を得る、バランスのとれた生き方である。お金や時間に追われない、人間らしさを回復するライフスタイルの追求でもある。塩見氏は次のように述べている。

「一人ひとりが「天の意に沿う持続可能な小さな暮らし(農的生活)」をベースに、「天与の才(X)」を世のために活かし、社会的使命を実践し、発信し、まっとうする生き方だ。／小さな暮らしは、たとえどんなに小さな市民農園、ベランダ農園でもいいから食糧を自給していくものであり、消費欲望を「楽しく」抑えたシンプルなものである。／「X」は使命(ミッション)。自分の個性、特技、長所、役割を活かして社会へのなんらかの貢献を目指す。つまり、好きなこと、心からやりたいことをし社会に役立ちながら、それを換金化し生活収入とする」(塩見直紀『半農半Xという生き方』ソニーマガジンズ、2003年、18～20ページ)。

10 なりわいを継ぐ

和歌山県は移住希望者向け施策として、2017年度に「わかやま移住者継業支援事業」を始めた。道府県として継業支援を事業化したのは、おそらく初めてだろう。和歌山県では継業を「地域の〝なりわい〟を引き継ぎつつ、移住者ならではの新たな視点により再活性化して、地域で継続できるなりわいを営むこと」と定義し、後継者を求める事業主と移住者のマッチングを支援するほか、引き継ぎ経費にも補助金(最大100万円)を出している。

そのポイントは、「移住後3年以内の者」という条件である。移住者がいきなり地域のなりわいを引き継ぐのは、起業するよりも難しいからである。また、移住者に能力があるのか、継いでほしい事業には将来性があるのか。お互いに確認する伴走期間が必要だ。

2016年に訪問した新潟県小千谷《おじや》市では、ともに地域おこし協力隊員として着任した坂本慎治《しんじ》さん・香奈子《かなこ》さん夫妻が、2001年にまちおこしの一環として地域住民が組合をつくって始めた豆腐屋を継業した。数カ月の修業期間を経て起業し、2年目に豆乳やおからを使った菓子製造を始めて、売り上げを4割も伸ばしたという。

こうしたケースは、農業分野が第三者経営継承として先行している。徳島県勝浦《かつうら》郡勝浦町では、「貯蔵みかんマッチング事業」に取り組む。みかん農家で適性を確認する3カ月のトライアル研修、技術や経営を学ぶ本格研修(最大6カ月間)などをこなし、さらに受入先で後継者としての研修を行い、双方の納得後に引き継ぐ仕組みだ。この事業で東京から移住し、みかん農家となった石川翔《しょう》さん・美緒《みお》さん夫妻は、夏にゲストハウスを開業した。継業の成功には双方の思いとともに、地域からのサポートが求められる。

わかやま移住者継業《けいぎょう》支援事業

～　都道府県として全国で初めて移住者による継業を支援するプロジェクト　～

●継業とは？
　地域の“なりわい”を引き継ぎつつ、移住者ならではの新たな視点により再活性化して、地域で継続できるなりわいを営むことです。

　例えば…　（よろず商店→商店＋古い家屋を活かしたカフェ　酒屋→酒屋＋出張試飲販売　など）

過疎地域では後継者不足により、商店等の廃業が増加し、地域機能やにぎわいの低下が見受けられます。

　一方、都会での仕事中心の生活を見直し、自分らしいライフスタイルを求め、地方で起業し、地域に貢献したいという若者が、県外から和歌山県へ移住しています。

「地域で営まれてきたナリワイを引継ぐ」

　県では、後継者を求める事業主と意欲ある移住者のマッチングを支援し、継業に係る経費を補助する支援を始めています。

わかやま暮らしのポータルサイト！
WAKAYAMA LIFE

「わかやま継業支援事業紹介チラシ」(和歌山県企画部 地域振興局 移住定住推進課)

継業

　移住希望者に対して仕事を提供できない。これは、リーマン・ショック以降の若年移住希望者の増加にともない急増した課題である。現在は中小企業庁をはじめとして起業支援についての体制は整ってきたが、後継者の不在によって廃業する地方の商店などが増えている。継業は、地域に根ざしたなりわいを移住希望者に引き継ぐ方法である。移住希望者は、仕事にも地域性とやりがいを求める傾向がある。とくに、ライフスタイルを変えたい場合は、その傾向が顕著だ。地域側の「残したいなりわい」への思いと「継いでみたい」という移住者の気持ちをマッチングさせる仕組みやインターンシップなども含め、現代版の「丁稚奉公」が必要となるだろう(参考：筒井一伸・尾原浩子著、図司直也監修『移住者による継業――農山村をつなぐバトンリレー』筑波書房、2018 年)。

11 決断力と現場力

地域づくり、とくに自治体の活動に関連して必ず出てくるキーワードに、ＰＤＣＡサイクルがある。ＰＬＡＮ（計画）・ＤＯ（実行）・ＣＨＥＣＫ（評価）・ＡＣＴＩＯＮ（改善）のそれぞれの頭文字を取ったものだ。

一方、現場では状況に応じた判断の即決が求められる。計画にない、想定外のケースに即時対応するためには、どうすればいいのか。ポイントは、現場担当者による決断力と決定権の有無であろう。

徳島県名西《みょうざい》郡神山《かみやま》町のＮＰＯ法人グリーンバレーの大南《おおみなみ》信也《しんや》元理事長がよく口にする「やったらええんちゃう？」というのは、ＤＯから始まる地域づくりだ。

来てほしい職種を逆指名する「ワーク・イン・レジデンス」や、ＩＴ企業のサテライトオフィスが集まる町として、神山町は地方創生の成功事例に取り上げられる。だが、そこに至るベースは、ＰＴＡ活動から始まった地道なまちづくりと、「やったらええんちゃう？」という雰囲気である。まず、やってみる。チャレンジできる環境とそこから生まれる空気感は、閉鎖的と言われる農山村において貴重だ。多くの人たちが視察し、取り入れようとした移住者の逆指名は、現在は行っていないという。当初のプランをはるかに飛び越え、さらに新しいことをやりたい移住者が常に入ってくるからだ。

状況が日々変化する地域づくりの現場では、状況判断から決断までの速さが重要になる。意思決定の速さが、ゆとりと余白を生み出しているように思える。「やったらええんちゃう？」という言葉は一見、突き放しているように聞こえるが、それは大南さんが提案を受けとめたうえで発せられた言葉だろう。

大南さんは先般、理事長を退いた。それは後任が育った証左であるし、決断力の高さでもある。

PDCA サイクルから、DO から始まる PDCA ループへ

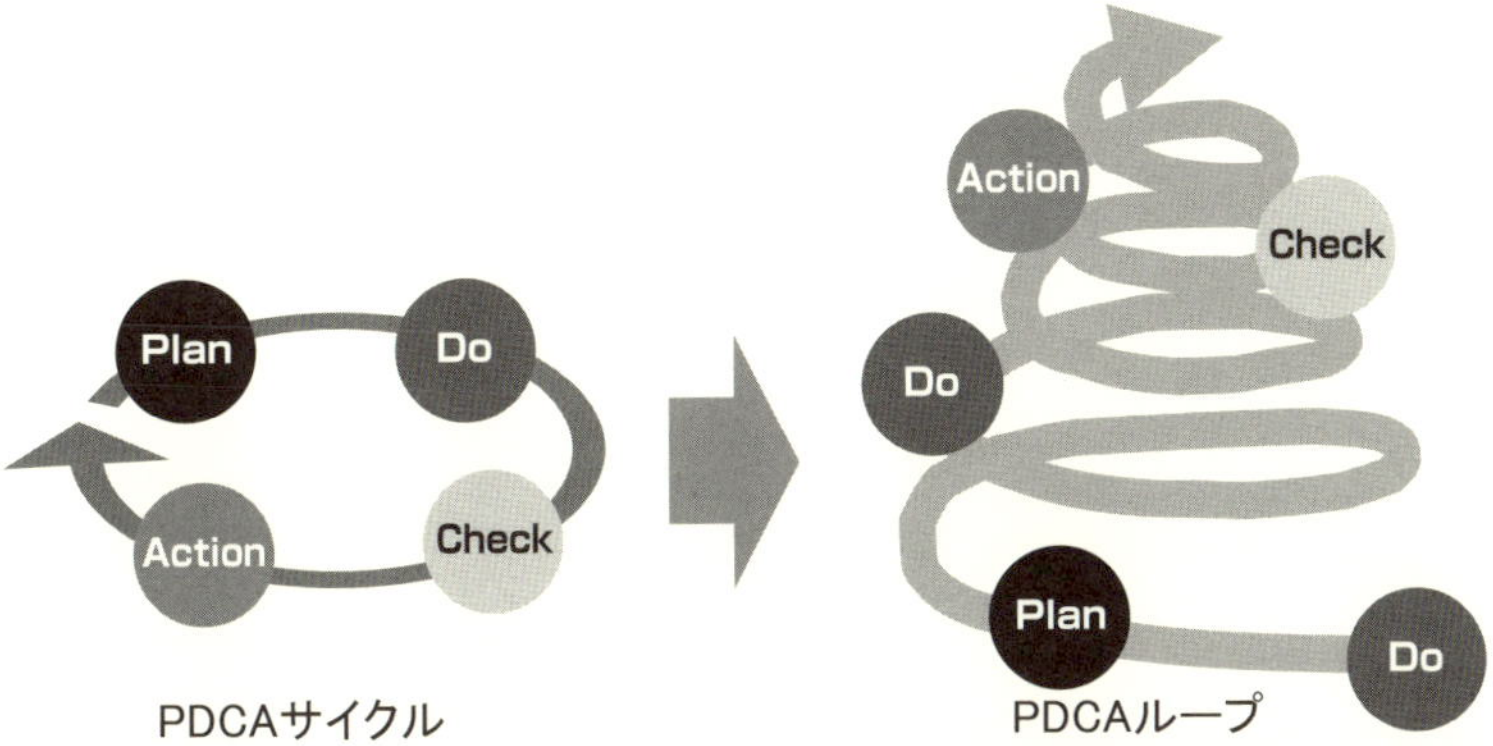

PDCA サイクルは、製品の質を向上させていくような取り組みの場合には有効だ。しかし、日々新しいことが始まる地域づくりの現場では、まずやってみることで次の展開が始まり、そこから新たな関わりの余白を生み出していく PDCA ループのほうが馴染みやすいだろう。

移住者と語らう大南さん（右、神山町の宿泊滞在施設 WEEK にて）

地方創生の総合計画の中でも PDCA サイクルというキーワードが改めて出ている。PDCA サイクルは 1950 年代に品質管理の一環として、製造業などのマネジメントに取り入れられた。品質管理などであれば、閉ざされたサイクルでもよいかもしれない。だが、補助金や交付金事業の場合は年度という時間的制限が発生するため、Plan で時間を費やしてしまうと、Do の時間が減り、Check も Action も意味を持たなくなることがある。

12 ソトヨメたちの集い

都会で暮らしていると、女性でもほとんど接することのない組織のひとつが「婦人会」だ。基本的には地縁に基づく自主組織であるが、行政の下請け的存在になっているところもある。また、農山村においても、人口減少が進んで解散した婦人会も多い。ここでは詳しく触れないが、その役割が変わりつつあることは事実であろう。

一方、農山村の生活様式が変わっても変わらない問題のひとつに、嫁姑問題を含む人間関係の悩みがある。都会であれば、友人たちとお茶をしながら愚痴を言い合ったり、あるいは真剣な悩みを相談したりする機会は、少なくないだろう。ところが、農山村ではそうした場づくりは容易ではない。仲良くなった人が実は姑の遠縁であったりして、なかなか本音が話せないという話もよく聞く。

九州のある地域では、自然発生的に「ソトヨメの会」が発足し、定期的に飲み会を開いている。当初は、ソト(他地域)から来た若い奥さんの息抜きの飲み会として数人から始まった。2008年の発足から10年を超えた現在では10数名を数え、年齢が一回りどころか二回りも離れた、他市町村出身の女性たちが集まる会になっているという。

この集まりは、単に愚痴を言い合う場ではない。育児の相談や仕事の紹介など、情報交換の場でもある。そして何より、年齢も地縁も関係なく、しがらみなしに本音で話せるセーフティ・ネットとしての役割も果たしている。

こうした自由な空気の場所があるかどうかが、ソトヨメの定着条件のひとつだろう。

婦人会とは

成人女性による親睦・教養・娯楽・社会奉仕などを目的として組織された地域単位の団体。女性の自立と連帯を目指し、生涯学習をはじめ、健康増進、リサイクル推進、環境美化といった各種啓発活動を担っている。

「愛国婦人会」内務省系（1901（明治 34）年結成）
「大日本連合婦人会」文部省系（1931（昭和 6）年結成）
「大日本国防婦人会」陸軍省系（1932（昭和 7）年結成）

政府によって統合
「大日本婦人会」（1942（昭和 17）年）
↓
「国防義勇隊」（1945 年）
……戦後解散
GHQ による地方進駐
- 農村民主化の動き
  - ▷農地改革（地主小作制の廃止）
  - ▷農業協同組合
  - ▷生活改善運動

生活改善普及事業（農林省「農業改良助長法」1948 年）
- 「考える農民の育成」「農家生活の向上」、衣・食・住・家事経済・育児保健
- 今和次郎、羽仁節子、香川綾ら

- 地域婦人会
  GHQ 地方軍政部による婦人教育
  行政の下請け機関的色彩（一戸一人加入原則による地縁的網羅組織）
  朝鮮戦争勃発による保守化の一方で、むらの古さ、貧しさを脱却するための学習運動の展開
  平和運動、消費者運動

（出典）『全地婦連 50 年のあゆみ』全国地域婦人団体連絡協議会、2003 年。

婦人会の現状

農山村では若い世代が減少する中で、せっかく来てくれた「お嫁さん」への配慮などから、婦人会活動に伴う奉仕活動や親睦会などへの参加の強制は減った。一方で、会員の減少に伴う役員への負担増によって役員のなり手も減少し、活動領域を縮小する婦人会も現れている。

13 ムラの知の拠点としての図書館

以前、大学を退職する先生から蔵書の悩みを聞いた。研究室に置いてある専門書や著書などを置く場所が自宅にはないという。東京・神田の古書店からは「引き取りますよ」という電話があったが、希少書もあり散逸するのが惜しいと、おっしゃる。大学教員をしていた私の父も、同様の悩みをかかえていた。

熊本県小国町に住んでいたころ、インターンシップの学生を交えて倉本という集落で行われたワークショップで、地域の蔵の活用が話題になった。学生の提案はカフェや茶店だったが、私には図書館の機能を持たせることができるのではないかというアイデアが浮かんだ。イメージとしては、使われていない蔵のある空き家を利用した大学ごとの専門図書館である。

田舎の図書館にはなかなか読みたい本がない、という話をよく聞く。リクエストで入るのはベストセラーなどであり、図書購入費も限られるなかで、個々人の要望に応えることは難しい。

沖縄県国頭《くにがみ》郡国頭村の奥集落にある奥共同店（84ページ参照）の棚には、沖縄県立図書館の書籍コーナーがある。当時は私のアイデアレベルで集落図書館構想は終わってしまったが、調べてみると私設図書館は全国に存在する。読者に身近なのは、鉄道の駅の待合室にある「駅中文庫」だろう。

島根県松江市には、「曽田文庫」という私設図書館がある。その分館を図書館のない山間部につくろうとする動きが2015年に起き、不足する資金はクラウドファンディングで集めて、同年9月に実現した。

図書館は単なる本の貸出場所ではなく、人が集う、地域の文化の拠りどころでもある。こうしたコミュニティベースの図書館は地域にとっての宝であろう。

奥共同店にある沖縄県立図書館の書籍コーナー

クラウドファンディングで空き家を改修してつくられた島根県仁多《にた》郡奥出雲町の曽田文庫高田分館(写真提供：高田みんなの学校)

14 二段階移住のススメ

この数年、沖縄県で地域による移住者の受け入れ体制づくりを支援する業務を行っている。2016年度に開催した移住体験ツアーでは、那覇市在住者からの申し込みもあった。沖縄が好きで、とりあえず那覇市に移り住んだものの、なかなか定着先が決まらない。そこで、沖縄県庁の移住サイトを見て申し込んだという。

地方都市にまず移住し、その後ゆっくり自分にふさわしい地域を探していくことを、「二段階移住」と呼ぶ。都会から地方の農山村にいきなり移り住むのは、想像以上にハードルが高い。本当にその地域に受け入れられるかどうか分からないし、なかなか出てこない賃貸物件を探すにも都会からでは手間もお金もかかる。それなら、住みたい地域に近い地方都市にまず住んで、本格的に探していこうという考え方だ。

二段階移住にはいくつかのメリットがある。第一に、田舎暮らしに向けての下準備ができる。第二に、何度も訪問し、人間関係を構築してから移住できる。第三に、仕事や住宅も探しやすい。一方で、デメリットもある。いったん地方都市暮らしをするわけだから、複数回の引越費用が必要だ。地方都市の暮らしが想像以上に快適で、その暮らしに満足してしまう場合もある。

思い切って田舎に移住しても、人間関係を含めて行き詰まりを感じて、都会に戻るケースも少なくない。それを考えると、地方都市を経由した二段階移住は一つの選択肢かもしれない。高知県では、高知市が積極的にこの二段階移住を推進し始めた。

地方都市の役割は、日本創生会議の「増田レポート」にあった、若者を押しとどめる「ダム機能」だけではない。二段階移住という視点からも考えるべきだろう。

2018（平成30）年4月1日　　高知二段階移住新聞

KOCHI NEWS
どこに住もうかお悩みの方は二段階移住がおススメ!!

「田舎暮らしに憧れているけど、ちょっと不安…」という方　必見

「田舎暮らしに興味があるけれど、いきなりの移住はちょっと不安…」「高知移住には興味があるけれど、どこがいいのか分からない…」——。そんなあなたに朗報が!!

高知に興味がある方はぜひ二段階移住

豊かな自然に囲まれた暮らしは、都市部で暮らす移住希望者にとって非常に魅力的である。しかし一方では、実際に生活するとなると、これまでの生活スタイルとのギャップに不安を感じ、「一歩がなかなか踏み出せない」といった声も聞かれる。

「二段階移住」は、そういった不安の解消や、移住先でのミスマッチを軽減するために、高知県内では比較的都市機能の整った高知市にいったん移住・滞在（一段階目）してもらい、そこを拠点に県内市町村を巡りながら、自分に合った場所を見つけ、最終的に安心して移住（二段階目）してもらう、高知が提案する移住方法の一つだ。

高知市では平成30年4月から、高知県内への二段階移住を考えている方に、一段階目となる高知市での移住・滞在時に補助を開始する。内容は、①高知市内で1か月以上の民間物件を賃貸借契約したときの初期費用（家賃1か月分・礼金・仲介手数料など）が上限20万円、②高知県内市町村の移住相談窓口を訪問する際のレンタカー利用料が上限2万円（それぞれに条件あり）。

この二段階移住の補助を受けるためには、民間物件の契約前に高知市に申請が必要だとか。予算に限りがあるため、興味がある方はまずは電話を。

こんな制度がほしかった。

『釣りバカ日誌』の主人公・浜ちゃんのモデル
南国生活技術研究所代表　黒笹《くろささ》慈幾《やすし》さん

東京の大手出版社で働いていた黒笹慈幾さんは、アウトドア雑誌『BE-PAL』の編集長をはじめ、現役時代は仕事で日本中を駆け回り、趣味の釣りも楽しんでいた。そして、定年退職後に訪れる、仕事も遊びも存分に楽しむプレミアムな時間を、自分の納得のいく場所と方法で使いたいと考え、平成24年、気になっていた高知へ移住した。

「都会にどっぷり浸かった生活者は、都会での快適な部分はなかなか棄てられない。僕は、まず大都市からスモールシティへという移住の第一ステップがあってもいいんじゃないかと思うんだ。高知市は最低限の都市機能が備わってて、良好な自然もすぐそばにある。二段階移住の条件にぴったりだね。僕もサポートしてほしかったよ。」

高知のココがすごい

ご飯が美味しい

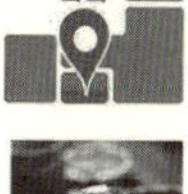

「じゃらん宿泊旅行調査」都道府県ランキング「地元ならではのおいしい食べ物が多かった」で最新7年間のうち5年1位獲得。

自然が豊か

森林率No.1の高知県。南側には太平洋が広がり、713kmの長い海岸線や豊富な大小の河川を持つ。また、日照時間・降水量とも、常に全国上位。気温も温暖で、ザッと雨が降って、カッ！と晴れる。

まちが元気

毎週行われる日曜市では、出店者とお客さんの会話が活気があって楽しい。また、今や全国に広がる「よさこい祭り」発祥の地でもある。

病院が多い

医療環境が充実。ファミリー世帯やセカンドライフ世帯にも安心できる環境。

詳しくは裏面をチェック！

高知市二段階移住チラシ（高知市政策企画課移住・定住促進室）

15 交流から移住へ

昨今のニュースを見たり読んだりしていると、地方移住や田舎暮らしの話題が出ない日はないと言っても、言い過ぎではない。

「移住先進地」と言われる地域では、ほぼ例外なく「都市農村交流事業」や「外部者を巻き込んだ地域づくり活動」を行っている。移住者を受け入れる第一のポイントは、地域側の「よそ者」に対する抵抗感・不安感を解消することだ。グリーン・ツーリズムや教育旅行を受け入れてきた地域は、そのハードルをクリアしている。地域側がよそ者に慣れるからであろう。

2016年の沖縄県の移住支援業務でモニターツアーを行った際、大きな役割を果たしたのが「民泊協議会」である。沖縄県では沖縄島北部の山原《やんばる》地域を中心に、修学旅行生の民泊事業を推進している。モニターツアーでは、民泊協議会メンバーの家庭に移住希望者の宿泊をお願いした。民泊家庭では地域の生の暮らしが見える。それだけでなく、いくつかの受入家庭は移住者でもあり、よそ者の視点に立った話が聞けたという。その紹介で家が見つかり、早速移住が決まった参加者もいた。

交流から移住、そして定住へのプロセスで、お互いを知る機会として農家民宿や民泊の果たす役割は大きい。最近は、移住者自らがゲストハウスや民宿を始めるケースが増えてきた。グリーン・ツーリズムすら移住者が担い始めているのだ。

都市農村交流事業の位置づけを単なる「生きがいづくり」や「稼ぐ手段」とするのではなく、自分たちの地域をどのように残していくのか、といった先を見据えた議論と実践を行う必要がある。

名護市の道の駅で話を聞く移住体験ツアー参加者たち

国頭村の民泊での交流を楽しむ参加者

16 孫ターンが増えている

東京都内で行われた「新農業人フェア」に出展したことがある。2015年のとき、さまざまな相談に乗るなかで、数人の若者が「母親の実家で農業をやりたい」という話をしてきた。地方出身の親を持つ都会に住む若者が、親を都会に残したまま親の故郷に移住する現象を「孫ターン」と呼ぶ。テレビや新聞・雑誌でも、使われるようになってきた。

実は、私は「孫ターン」の命名者だ。きっかけは、2009年に岐阜県のある自治体の移住担当者と話していたときに、「私も移住者ですが、祖父の家に住んでいます」と言われたこと。その後いろいろ聞いてみると、多くの自治体で祖父母の家に移住するケースがあることが分かった。

孫ターン者に話を聞くと、たくさんの面で助けられることが多いそうだ。たとえば新潟県長岡市栃尾地区に暮らす祖父母の近くに移住した刈屋高志《かりやたかし》さんは、「移住のハードルが他のIターン者よりも一ランク下がっている状態」と言う。とくに新規就農では、農地の取得が容易ではない。だが、孫ターンなら、地元在住者の孫であるという理由で身元保証が担保されている。これは非常に大きいメリットだ。実際にそこで生まれ育ったわけではないのに、「あの家の孫が帰ってきた」と歓迎される。刈屋さんの場合は、新潟市内に住む両親が頻繁に栃尾に帰ってくるようになったという。

また、孫ターン者の多くが幼少期の祖父母の家での体験がきっかけになっていると語る。さらに、山村留学した若者が成人後にその村に移り住むケースも出てきた。イナカを持たない都市住民に帰る場所ができたことは非常に喜ばしい。

ムラをめざす若者たち ①

孫ターン

芽生える新たな価値観

楽しい記憶 移住促す

Iターンでも Uターンでもない。新しい農村への回帰現象が始まった。その名も「孫ターン」。都会に移り住んだ親世代を飛び越して孫の世代が、祖父母の暮らす農村に移り住む動きが各地で芽生えている。

大阪府出身の西村耕世さん（35）は、孫ターンを実行した一人だ。2014年秋、勤めていた出版社を辞め、両親の実家がある徳島県三好市に妻と子ども2人と移り住んだ。

人間らしさ求め

大阪の暮らしは早朝から夜遅くまで働き、家に帰っても子どもの寝顔しか見られない日々だった。隣人との交流さえなかったが、三好市に行くと、祖父母が築いてきた人脈は健在で、地域の人は自身の孫一家が移住してきたかのように歓迎してくれた。

「人間らしい暮らしが、ここにはある」。祖父母は既に他界していたが、移住を決断した。

西村さんが新たに働くのは、同市内の旧旅館を支社とする「サテライトオフィス」を展開する企業だ。徳島県は、都会に本社がある起業家らを対象に、空き家となった古民家を支社にする「サテライトオフィス」を提案、新しい農村ビジネスとして誘致している。そうした自治体の働き掛けも、孫ターンを後押しした。

年収は大阪当時と比べて「半分以下」（西村さん）となったが、空き家となった祖父母の家に住むため家賃はゼロ、野菜は畑で作り、食費の足しになる。週末には朝市に野菜を出荷することで、地元住民と親しくなった。「家族の時間が増えたし、地域との新しい関係が築けて、子育ても楽しい」と笑顔を見せる。

子どもの遊び場も公園から田畑、山、川に変わった。どこに出掛けるにもお金が必要な大阪と段違い。

さらに新天地への移住と違って孫ターンなので家や農地探し、人脈づくりの面で移住のハードルは断然低く、地域になじみやすいのが強みだ。

地域住民も歓迎する。同市の兼業農家、近藤一文さん（60）は「西村くんは朝市や地域の行事にきちんと参加してくれる。地域にとって頼もしい存在だ」と喜ぶ。

古民家を活用したサテライトオフィスで同僚と打ち合わせをする西村さん㊧。孫ターンした決断に後悔はない（徳島県三好市で）

子育て世代半数

高度経済成長期、地方から仕事を求めて都会に移住した世代の子どもたちによる農村回帰。この現象を「孫ターン」と名付けたのは、移住の相談を請け負う特定非営利活動法人（NPO法人）ふるさと回帰センターだ。

4年ほど前、担当者間で「孫が親の故郷に入っているよね」といった話題が出始め、命名したという。

孫ターンの正確な統計はないが、同センターへの移住相談の状況を見ると、10年前までは団塊世代が中心だったが、現在は半数が40代以下の子育て世代で占めるようになった。

同センター嵩和雄副事務局長は「孫世代は、親世代が求めてきた経済成長とは違う価値観を抱いている」と分析。親にとっては「暮らしにくい不便な田舎」として映っても、孫世代には祖父母が温かく出迎えてくれ、豊かな自然の中で遊んだ楽しい記憶が残っているという。暮らしや生き方を見つめ直したとき、行き着いたのが農村だった。孫ターンは若者の新たな価値観が生まれていることを物語る。

◇

都会暮らしにはない豊かさやぬくもりを求めて、若者たちが農村を目指す「田園回帰」が各地で始まった。この流れを加速させようと、全国の自治体は移住者獲得に躍起だ。ムラでは今、何が起こっているのか、探った。

（7回掲載）

（出典）『日本農業新聞』2016年1月1日。

17 集落の教科書

仕事柄、全国の移住者の話を聞くことが多い。移住して10年以上の方もいれば、2～3年の方もいる。そこで共通して話題になるのが、地域のしきたりやルール(決まりごと)だ。

実際に移住するまで分からなかった地域のしきたりがあるし、同じ地域でも集落(区)ごとに異なる場合がある。事前に自治体の担当者から話を聞くこともできるが、その集落の出身者でなければ細かい部分までは分からない。

ふるさと回帰支援センター内の京都府のコーナーに展示されていた『集落の教科書』という冊子を、タイトルにひかれて手にとってみたことがある。区費の金額、消防費、神社建て替えの積立費や総代費といった宮費をはじめ、集落の役員の決め方、「日役《ひやく》」と呼ばれる草刈りや水路清掃などの共同作業、香典の金額など、集落によって異なることが改めて理解できる。

この冊子を発行しているのは、京都府南丹《なんたん》市日吉町の世木《せき》地区の地域振興会だ。巻末の「教科書の読み方と使い方」には、「良いことも、そうでないこともちゃんと伝え、みなさんに安心して住んでいただきたい」と書かれていた。そして、必ず守るべき「強いルール」から、「ゆるいルール」「消えつつあるルール」「慣例や風習」と4つの基準のイラストを入れて表現している(41ページ参照)。

世木地区では、この教科書づくりを契機に、集落ルールの改善や見直しが行われたという。

地方の人口増加が見込めない状況で、集落・地域を運営するためのしきたりや決まりごとの明文化は、各地で行われている行事の棚卸し(見直し)のきっかけにもなるだろう。

田畑について①　—農業の相談、農地の義務—

担い手が減っており、
休耕地を借りて農業をすることは容易です。
一定の条件を満たして手続きをすれば、
農家として農地の取得も可能です。

【相談相手】
都会から引っ越し、
農業をすることに
憧れる方も多いと
思います。
はじめての畑仕事。
不安も多いと
察します。
集落の中には、
農業に関する相談
に応じてくれる人
もいますので、
参考にしてください。

区	農業に関する相談相手
全 域	世木地域には、農業委員２人、各区の農家組合長がいて、農地等の相談にのってくれる。
殿 田	農家組合長に相談
木 住	農家組長に相談
生 畑	農家組合長または区長に相談するとよい
中世木	農業委員に相談。気軽に声をかけてほしい

【義務】
農地を取得する場合だけでなく、借りる場合であっても、
草刈りや水の管理などの義務が生じます。
管理を怠ると、ほかの農家にも
迷惑がかかりますので、
しっかりと守りましょう。

区	田畑に関する義務
全 域	農地の畔やくろ（約３～５㍍）の草刈り。
木 住	木住の農地は、川と直結しているところがほとんど。そのため、川から繋がる水路の管理も、各自の農業者が行う
生 畑	水路は共同管理で、草刈り。
中世木	水路の管理（組合単位で行われる水路の草刈り等には、なるべく参加すること）

【くろの管理】

「日照時 間を増やす」や「猪を寄りつかせなくする」、

「農作物の病気予防のため、風通しの確保」などのため、
農地と林地の境部分の草刈りをします。

この境部分を「わち」や「こさ」というが、世木地域では「くろ」と呼ばれています。

くろの高さ基準は、農地に影をかけない程度。

山主は、くろには木を植えない。田んぼの主は、勝手にクロに木を植えてはいけない。許可を得て木を植えることはできるが、田んぼを返した時、木の権利は山主のものになります。

【豊富な水】
木住区や生畑区など、川が身近にある世木地域では、
水に関連したトラブルはあまり起らないので安心。

（出典）「集落の教科書」世木地域振興会、2015 年、38 ページ。

18 作法かルールか?

「地方移住をするにあたって、どんなトラブルがありますか?」

これは、マスコミ関係者によく聞かれる質問だ。私の知るかぎり、ほとんどのケースは人間関係であろう。その多くは、相互の理解不足から始まる。

事前にトラブルを防ぐために、移住者向けのガイドブックや申し合わせ書などをつくる地域もある。だが、大半の地域には明文化されていない「しきたり」が残っている。

福井県三方《みかた》郡美浜《みはま》町のある集落で、行事予定表を見せてもらったことがある。区長が参加する行事の内容や準備物から服装まで、こと細かに記載してあった。都市では、概ね明文化されたルールに則って生活すればトラブルになることは少ないが、田舎暮らしの場合はそうもいかない。

実際、地方で暮らすと「理解」できないしきたりや決まりごとが多い。「古くからそうだから」「毎年続けているから」という感覚は、都市住民からすると理解に苦しむのである。

哲学者の内山節氏は、「合理的理解」と「精神深層部からの理解」は違うと述べる。合理的なルールは理解できるが、実際に相手側の事情を慮っての理解は「諒解」なのだという。では、地方に残るしきたりはどう考えるべきなのか。共同体の営みに裏打ちされた「作法」と考えるほかないだろう。「作法」となれば「理解」をする必要はなく、粛々とこなしていくしかない。

移住者と地元住民とのトラブルを防ぐためにも、地方での暮らしと生活文化を知ってもらうためにも、こうした「作法」を掲載した「集落の教科書」を地域側でつくることが重要なのではないか。

ルールには濃さがある

集落のルールと一口で言っても、
守ったほうがよいルールからゆるいルールまで、
色の濃さに違いがあります。
ルールをどの程度守った方がよいのか、
その基準を示しますので、参考にしてください。

強いルール

ゆるいルール

消えつつあるルール

慣例や風習

この教科書にあるのは、●●●●年、●●月時点でのルールです。
ルールの改善は常に行われており、世木地域に住めば、あなたも
私たちと一緒に住みよい集落を作る仲間となります。

（出典）「集落の教科書」世木地域振興会、2015 年、3 ページ。

19 お試し暮らしと体験学習の宿泊体験

２０１６年3月31日に厚生労働省から「移住希望者の空き家物件への短期居住等に係る旅館業法の運用について」という文書が出され、「移住体験住宅」に関する規制緩和がようやく認められた。

移住希望者が有料で宿泊できるいわゆる移住体験住宅（「お試し住宅」）は、旅館業法の規制を受ける。２０１５年度までは、営業許可を取らなければ運営できなかった。抜け道として、短期賃貸借契約を締結したり、無料での貸し出しを行っていた自治体にとっては、非常に嬉しいニュースである。

実際に地域の暮らしを知るためには、ある程度の滞在期間を設けて、仕事や住まいを探す、商店や病院がどこにあるかを知るなど、生活者の視点で地域をみることが必要になる。しかし、旅館や民宿に泊まると暮らしを実感しにくいし、滞在コストが高い。

そこで、安価で滞在できる施設を用意する自治体や団体が増えている。２０１７年に国立研究開発法人建築研究所とふるさと回帰支援センターで行った調査では、回答のあった１００８自治体のうち、28・7％がお試し住宅を実施していた。また、検討・実施予定である自治体は19・１％。両者を併せると、約半数の自治体がお試し住宅の設置に積極的なことが分かる。

農家民宿については、各地の要望から規制が緩和され、現在のような広がりを見せた。厚生労働省の文書には、「体験学習を伴う教育旅行等における宿泊体験が旅館業法の適用外になる」ことも書かれている。子どもたちの農山村体験においてネックになっていた問題も、また一つ解決された。

「空家等対策の推進に関する特別措置法」の概要（**下線部は地方移住推進に関わる部分**）

- 国が基本指針を策定。
- 市町村は、国の基本指針に即した空き家等対策計画を策定し協議会を設置。
- 都道府県は、市町村に対して技術的な助言、市町村相互間の連絡調整等必要な援助を行う。
- 市町村は、法律で規定する限度において**空き家等への立ち入り調査が可能**に。**拒否の際の罰則：20 万円以下の過料**
- 市町村は、空き家の所有者等を把握するために**固定資産税情報の内部利用が可能**に。
- 空き家を自主的に撤去する場合、固定資産税の軽減措置の導入
- 市町村は、空き家に関するデータベースをできるだけ整備し、空き家や跡地の情報提供やこれらの活用に関する対策を行う。
- 特に管理不十分で倒壊の危険性があるような「**特定空家**」については、除却・修繕・立木竹伐採などの措置の指導・助言・勧告・命令が可能に。**拒否の際の罰則：50 万円以下の過料**

（出典）国土交通省空家等対策の推進に関する特別措置法関連情報（http://www.mlit.go.jp/jutakukentiku/house/jutakukentiku_house_tk3_000035.html）。

移住希望者の空き家物件への短期居住等に係る旅館業法の運用について

生食衛発 0331 第 2 号
平成 28 年 3 月 31 日

1．移住希望者に対して売買又は賃貸を目的とする空き家物件への短期居住が旅館業法の適用外となる場合

移住を希望する者に対する売買又は賃貸を前提としている空き家物件への短期居住であって、以下の(1)から(3)の措置が講じられている場合には、旅館業法の適用外となる。

(1)　空き家物件の利活用事業が空家等対策の推進に関する特別措置法（平成 26 年法律第 127 号）に基づく計画に位置付けられ、当該事業を行う地方公共団体が空き家物件を登録しているなど、地方公共団体において対象施設が特定されていること。

(2)　対象施設を購入又は賃借する者が真に当該施設を購入する意思又は長期賃借する意思を有していることを地方公共団体において確認する措置が執られていること。

(3)　(1)及び(2)に掲げる措置が講じられていることにより、実態として反復継続して不特定多数の者が利用することのないことが担保されていることを旅館業法担当部局において確認すること。

（出典）厚生労働省「移住希望者の空き家物件への短期居住等に係る旅館業法の運用について」。

20 民泊新法と農泊

２０１７年6月9日、「住宅宿泊事業法」(通称：民泊新法)が成立した。これまで無許可営業などによるトラブルが多かった民泊事業に対し、一定のルールが設けられたのだ。

民泊新法では、民泊事業者(ホスト)の届出制度、民泊仲介業者と民泊管理会社の登録制度が創設されたほか、営業日数の上限は１８０日に制限している。ポイントは、「住宅を活用した宿泊サービスの提供」という考え方の明示であろう。住宅である以上、半年未満の期間で適切な営業日数を定める必要があるが、いままで旅館業が営業できなかった住居専用地域でも開業できる。

一方で、農山漁村の農家民宿を含むいわゆる「農泊」も、これまでの行政主導の生きがい志向から、ビジネス志向へと明確な舵を切った。同じ6月9日に発表された「まち・ひと・しごと創生基本方針２０１７」には、「古民家等の活用」と「滞在型観光をきっかけとした移住・定住の推進」が掲げられている。

農家民宿自体は１９９４年の「農山漁村余暇法」(通称：グリーン・ツーリズム法)制定以降、規制緩和が行われ、参入のハードルはかなり低くなった。今回の方針は、それをさらに後押しするであろう。

また、政府は２０１６年3月に「明日の日本を支える観光ビジョン」を発表。訪日観光客向けの農泊実施地域を２０２０年までに全国50地域にするという目標を掲げた。２０１７年5月に発表された「観光ビジョン実現プログラム２０１７」では、それを10倍の５００地域に設定し直している。

ただし、日本の農家民宿には、ヨーロッパの農家民宿のような品質管理や評価システムが整っていない。この点では、Airbnb(エアビーアンドビー)のような民泊紹介ウエブサイトが先行している。既存の農家民宿は、ハードルの低くなった民泊と対抗できるだろうか？

住宅宿泊事業法の民泊と旅館業法上の宿泊施設との違い

	旅館業法	農家民宿	特区民泊	住宅宿泊事業法(民泊新法)	
	簡易宿所営業	簡易宿所営業	国家戦略特区	家主居住型	家主不在型
建築用途	ホテル・旅館	住宅	住宅、長屋、共同住宅	住宅、長屋、共同住宅または寄宿舎	
営業可能区域	①第一種住居地域(当該面積が 3000㎡以下) ②第二種住居地域 ③準住居地域 ④近隣商業地域 ⑤商業地域 ⑥準工業地域 ⑦その他特別用途地域				
住宅専用地域での営業	×	○	条例に定める	△(条例による)	○(条例による)
居室の床面積	33㎡以上(定員10名未満の場合は人数×3.3㎡)	33㎡未満でも特例により許可	原則 25㎡以上	定めなし	
最低宿泊日数	なし	なし	2泊3日以上	なし	
営業日数上限	なし	なし	なし	180 日	
契約形態	宿泊契約	宿泊契約	賃貸借契約	宿泊契約	
行政への申告	許可	許可	届出	届出	
行政の立入検査	あり	あり	条例で定める	あり	
苦情受付者	事業者	事業者	事業者	家主(事業者)	住宅宿泊管理業者
メリット	営業日数制限がないので通年営業が可能	農業者であれば規制緩和で許可が容易に	営業日数制限がないので通年営業が可能	住居専用地域での営業が可能(自治体の条例による)	
デメリット	許可条件が厳しく、保健所によって扱いが異なる	農山漁村余暇法で体験メニューの提供が義務付け	1泊では利用不可	営業日数に制限	
難易度	高	中	中	低	
収益性	○	△	○	△	

(注)「国家戦略特別区域外国人滞在施設経営事業」の対象区域は、東京圏(東京都、神奈川県、千葉県成田市、千葉県千葉市)、関西圏(大阪府、兵庫県、京都府)、新潟県新潟市、兵庫県養父市、福岡県福岡市、福岡県北九州市、沖縄県、秋田県仙北市、宮城県仙台市、愛知県、広島県、愛媛県今治市

(出典) 国土交通省資料より筆者作成(http://www.mlit.go.jp/kankocho/minpaku/overview/minpaku/law2.html。

21 訪日観光客と農山村

地方創生の議論で、観光は切り札とされている。とくに、訪日外国人観光客を受け入れるインバウンドは大きな成長戦略で、2020年には4000万人を目指すという。2015年の訪日外国人観光客は約2000万人(対前年比47%増)だから、国の目標はその2倍になる。

インバウンドというと、中国人観光客による「爆買い」がよく話題にのぼる。しかし、2017年に入ってからはその消費金額は落ち込んでいるという。一方で、いわゆる有名観光地以外にも外国人観光客が増え始めている。リピーターや長期滞在者が「日本らしさ」を求めて、金沢市、飛騨《ひだ》古川地区(岐阜県飛騨市)、能登《のと》地域(石川県)といった地方都市や農山村に目を向けだしているのだ。

これは、日本人の観光体験で置き換えてみるとしっくりくるのではないか。かつては海外旅行に行くと、「土産物」の購入によって旅の証明をしていた。典型的な周遊型観光・金銭消費型観光である。ところが、海外旅行に慣れると土産物をあまり買わなくなる。いわゆる土産話として語れるかどうかが、旅行先決定のポイントに変わる。時間消費型・体験型観光である。

訪日観光客の視点に立ってみると、2回目・3回目では、日本らしさが残る地方に目を向けるのは当然だろう。「歴史的資源を活用した観光まちづくりタスクフォース」は2017年5月のとりまとめで、古民家などの伝統的建造物をリノベーションする取り組みに官民での「マネジメント型まちづくりファンド」の設立をかかげた。訪日観光客の意識変化を見越した政策である。

ただし、建物の魅力だけで観光客が満足するわけではない。地域全体の魅力づくりが課題である。

アレックス・カー氏が監修した古民家宿「篪庵《ちいおり》」(徳島県三好市東祖谷)

外国人観光客が好む「日本らしさ」を全面的に打ち出している

22 ふるさと納税とふるさと意識

ふるさと納税の納税件数は2008年から2017年の10年間で322倍に、受入金額は81・4億円から3653億円へ45倍に増加した。その要因は返礼品の充実である。ただし、総務省は返礼品にかける金額を寄付額の3割以下にするよう通知し(2017年3月)、波紋を呼んだ。

ふるさと納税では、出身地ではなくても好きな自治体に寄付ができる。2000円を除いた額が控除されるうえに、各地の特産品を返礼品としてもらえる。人気が高まるにつれ、自治体間で返礼品合戦となり、競争が必要以上に過熱している。本来の目的は、人口減少などで税収が少なくなった地方と都市との税収格差の是正だったはずだ。ところが、書店に並ぶふるさと納税関連本では、返礼品の「お得度」を前面に出している。税収が減って困るのは、都市部の自治体も同じだ。ふるさと納税は、言い換えると地方税の付け替えである。税収が減ることで、自分たちが受ける行政サービスの低下につながる可能性については、こうした書籍では取り上げられていない。

一方で、ふるさと納税によって初めてその自治体を知った人も多いだろう。きっかけは「お得度」だとしても、これまで知る機会のなかった自治体との関係が生まれる。先日、ふるさと回帰支援センターで行われた山形県尾花沢《おばなざわ》市の移住相談会に、市がふるさと納税のお礼状に同封した相談会のチラシを見て興味を持った家族が来訪した。3年ほどこうした案内を入れてきたが、興味を持った人が来られたのは初めてだったそうで、担当者は驚きと喜びを隠せなかった。

こうした地道な関係づくりがファンを生み、その自治体への帰属意識を生み出す。そこから移住にまでつながるかもしれない。

ふるさと納税の仕組み

多くの人が地方のふるさとで生まれ、その自治体から医療や教育等様々な住民サービスを受けて育ち、やがて進学や就職を機に生活の場を都会に移し、そこで納税を行っています。その結果、都会の自治体は税収を得ますが、自分が生まれ育った故郷の自治体には税収が入りません。

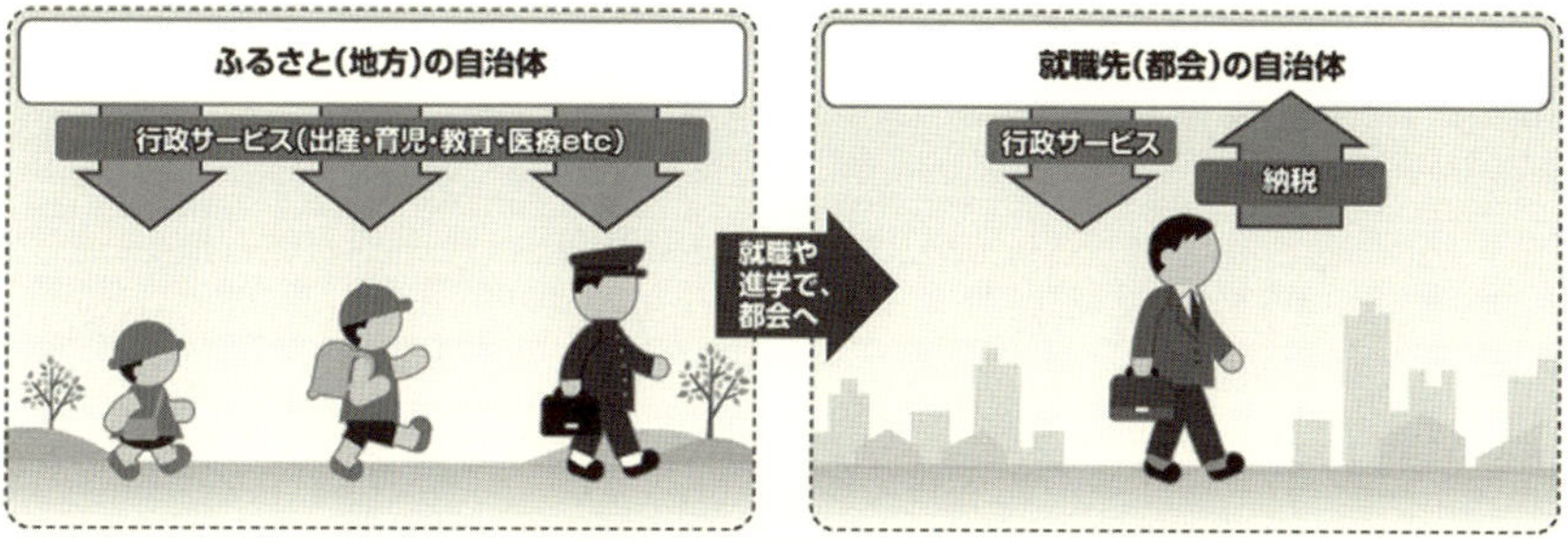

そこで、「今は都会に住んでいても、自分を育んでくれた「ふるさと」に、自分の意思で、いくらかでも納税できる制度があっても良いのではないか」、そんな問題提起から始まり、数多くの議論や検討を経て生まれたのがふるさと納税制度です。

「納税」という言葉がついているふるさと納税。実際には、都道府県、市区町村への「寄附」です。一般的に自治体に寄附をした場合には、確定申告を行うことで、その寄附金額の一部が所得税及び住民税から控除されます。ですが、ふるさと納税では原則として自己負担額の2,000円を除いた全額が控除の対象となります。

(出典)総務省ふるさと納税ポータルサイト「よくわかる！ふるさと納税」(http://www.soumu.go.jp/main_sosiki/jichi_zeisei/czaisei/czaisei_seido/080430_2_kojin.html)。

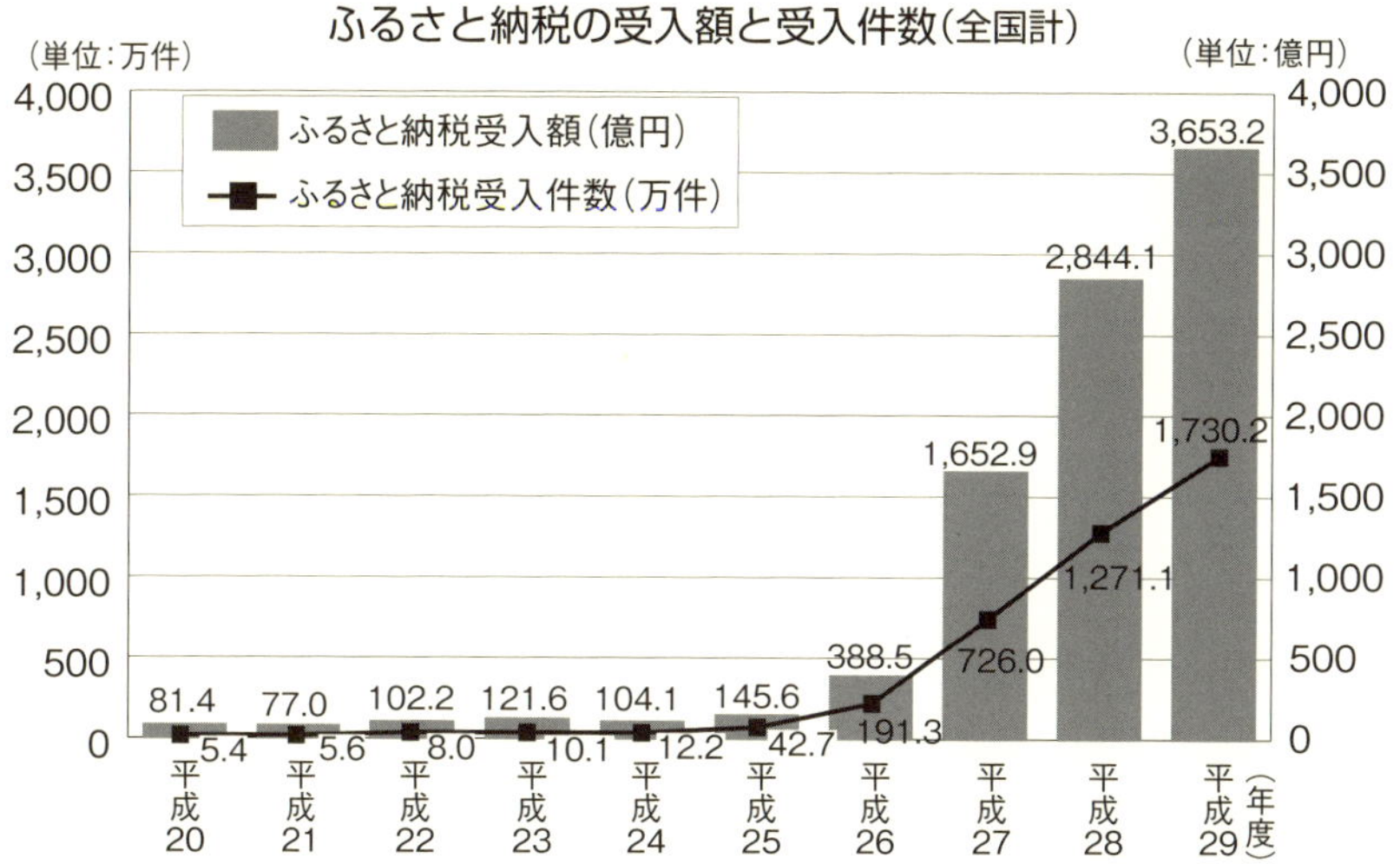

(出典)総務省「ふるさと納税に関する現況調査結果」(http://www.soumu.go.jp/main_content/000562702.pdf)。

23 ふるさと納税と地域振興

北海道河東《かとう》郡上士幌《かみしほろ》町の竹中貢《みつぎ》町長が上京された際に、ふるさと納税の効果について、お話をうかがったことがある。上士幌町の２０１４年度のふるさと納税の納税額は９億５７００万円と全国3位、２０１６年度は21億２５００万円で19位だ。

まず、返礼品である町特産の乳製品や牛肉などの製造量・生産量が増え、認定こども園の新設も含めて町内の雇用が拡大したという。

さらに、「人口が増えた」という答えが返ってきた。全国ニュースでも取り上げられたが、認定こども園の保育料を10年間完全無料化する、高校卒業までの医療費を全額無料にするなど、ふるさと納税を財源に子育て・教育事業の充実に当てた結果である。２０１４年7月と２０１８年7月を比べると、世帯数は２３４１世帯から２５４６世帯へ、人口は４９３１人から５０２０人へと増えているのだ。

一方で、ふるさと納税のＰＲに成功した自治体とそうでない自治体との差も出てきている。

また、有楽町に２０１６年7月、ふるさと納税サイトを運営する企業がふるさと納税のＰＲ拠点「ふるさとチョイスｃａｆé」をオープンさせた。ここでは、制度の説明や返礼品の紹介のほか、その場で寄付の手続きもできる。

上士幌町へのふるさと納税のうち、熊本県民からの寄付額が６６０万円あったそうだ。竹中町長に話を聞いたのは、この６６０万円を熊本地震の復興支援として還元するために、町長自ら熊本県を訪れた帰りであった。

寄付をする側は、「お得度」だけでなく、税金としての「使われ方」にも思いをはせてほしい。

左　有楽町にある、ふるさとチョイス café。地域 PR のほか、ふるさと納税のセミナーも開催している
下　上士幌町の認定こども園（写真提供：上士幌町企画課）

北海道河東郡上士幌町

■基本データ（2015 年国勢調査）

面　積：695.87㎢
人　口：4,765 人
世帯数：2,177 世帯
高齢化率：35.2%
第 1 次産業人口：33.4%
第 2 次産業人口：13.0%
第 3 次産業人口：52.8%

■上士幌町は北海道十勝地方の北部にあり、南北に長い。南部の十勝平野では畑作が盛んで、小麦、豆類、ジャガイモ、テンサイなどを生産する。また、酪農も盛んで総面積約 1,700ha（東京ドーム 362 個分）にもおよぶ日本一広い公共育成牧場・ナイタイ高原牧場もある。北部は山岳地帯で、日本一広い大雪山国立公園の東山麓に位置し、町内の約 76% が森林である。牛肉などを返礼品とするふるさと納税で集まった寄付を子育て・少子化対策に活用し、2014 年度には「子育て支援基金」を開設して認定こども園の保育料を 10 年間完全無料化したほか、就労仲介などに取り組んだ結果、若い世帯の転入が増えた。

24 アンテナショップとご当地土産

仕事柄、全国の自治体を訪問する機会が多い。自宅への土産を選ぶとき、非常に頭を悩ませる。職場のある有楽町には全国のアンテナショップが建ち並び、ご当地の食べ物や土産物が気軽に買える。だから、東京では買えない「その土地ならでは」のものを探す。裏面を見て生産者が地元かどうかをチェックしてから購入するのだが、販売者しか記載されていないことも多い。

かつて熊本県小国町に住んでいたときも手土産に悩んだ。町内の道の駅に、地元でつくられている土産物があまりにも少なかったからである。その状況に不満を持った妻が、「地元産の土産をつくる」と一念発起。地元のお米とジャージー牛のバターを使った洋風ポン菓子をつくって、道の駅などで販売したのも、懐かしい思い出だ。

有楽町駅前の東京交通会館一階にある「北海道どさんこプラザ」には、常に人があふれている。ここには、定番の土産物が並んでいるだけではない。「ルーキーズステージ」というコーナーを設け、新商品の販売機会を提供しているのだ。ルーキーズステージは、新商品約１００種を3カ月販売するファーストステージと、売り上げが好調な上位半数の商品をさらに3カ月延長販売するセカンドステージに分かれている。そして、セカンドステージの上位が「新定番」として常設販売されるようになる。

現地で探してきた商品が東京で買えることにショックを覚えると同時に、自分が先に発掘したという優越感に浸る。そんな土産物選びもまた楽しい。

行列ができるアンテナショップ
（北海道どさんこプラザ）

アンテナショップでの移住相談会（とっとり・おかやま新橋館）

アンテナショップ激戦区

有楽町・銀座周辺は都内有数のアンテナショップ激戦区で、日本橋～新橋間に 42 も点在している。なかでも東京交通会館は 13 店が軒を連ね、週末ともなると人があふれかえるほどである。北海道どさんこプラザは年商 10 億円と、アンテナショップで日本一の売り上げを誇っている。なお、単に商品の販売をするだけでなく、地域イベントや移住相談会を行うなど、複合的な取り組みを行うアンテナショップが増えてきている。

25 地域力とレジリエンス

２０１６年のゴールデンウィーク中に、４月に発生した熊本地震の被災地を回った。熊本地震は都市型災害と農村型災害の両面を併せ持っている。また、観光地の災害としては類を見ない規模であろう。

現地では市役所・町村役場を中心にボランティアセンターが立ち上がり、全国各地からの支援が続いたのは記憶に新しい。連休ということもあり、各地のボランティアセンターは支援者の振り分けに忙殺されていた。

一方で、被災地に対して継続的な支援を行う動きも早かった。熊本大学の徳野貞雄名誉教授の呼びかけで、20年間の活動実績を持つ九州ツーリズム大学の関係者を軸に、九州各地の地域づくり団体の関係者が参集。今後の被災地サポートをどのように行っていくかの会議が5月に開かれたのだ。

復興支援では、これまでの地域づくり活動の経験や活動拠点となる施設を活かせるネットワーク型支援が重要になる。熊本には独自の地域づくり団体ネットワークがすでにあり、他県ともつながったその人間関係が復興に大きな役割を果たした。

こうした広範な支援と同時に、小さな集落での自助の動きも見のがせない。たとえば阿蘇郡西原村《にしはら》の大《おお》切畑《きりはた》集落では、ほぼすべての住宅が全壊し、９名が崩壊した建物の下敷きになった。それでも、集落の住民総出で救助を行い、一人の死者も出していない。こうした地域の人間関係をベースにした地域力が、災害からのレジリエンス（復元力・回復力）の原動力になる。

ハード面の防災・減災という観点も重要だが、地域の人間関係資本によるレジリエンスの力を改めて見つめ直したい。

小国町で行われた被災地サポート会議。九州だけでなく、東京都や新潟県からも参加者があった

阿蘇郡南阿蘇村の写真家・長《なが》野《の》良市《りょういち》さんによる報告会。自らも被災しながら、写真を通じて被災地の今を伝えている

九州ツーリズム大学とは

熊本県小国町の（一財）学びやの里が 1997 年 9 月に開校した市民大学。農山村で地域の資源を活かしてグリーン・ツーリズムを実践する担い手やコーディネーターを育成することを目的につくられた。

「ツーリズム学科」と「観光まちづくり学科」があり、毎年 9 月から翌年 3 月まで、毎月 1 回、2 泊 3 日の日程で座学やフィールドワークを行う。これまでに 2400 名以上の修了生を輩出し、九州各地でツーリズム実践者やコーディネーターとして活躍している。2015 年からは、学びやの里の地域活性化プロジェクト「ムラの暮らし研究所」のプログラムの一つとして、規模を縮小して実施している。

26 被災地を支えるヨソモノ

２０１６年7月、学生時代からの知人が長岡市の山古志《やまこし》地区から熊本県西原村に転居した。熊本地震の復興支援のためだ。

彼は２００４年の中越地震後、復興計画づくりのコンサルタントとして中越地方に移り住んだ。所属した会社の退職後は、長岡市の復興支援組織「山の暮らし再生機構」の地域復興支援員となる。そして、旧山古志村を中心に地域住民に寄り添う形で復旧から復興までのサポートを行ってきた。その経験を買われての西原村への長期派遣である。

思い返せば、阪神・淡路大震災が起きた１９９５年は「ボランティア元年」と呼ばれ、多くの人たちが初めて災害ボランティアとして活動した。中越地震でも、さまざまな人が現場で支援。見守り・寄り添いから復興までをサポートしてきた。現在全国に広がっている地域おこし協力隊の仕組みは、中越地震の地域復興支援員がモデルになっている。地域を支える人材の重要性が明らかになったのだろう。

また中越地震では、阪神・淡路大震災の反省から、集落や地域住民が一カ所の仮設住宅にまとまって入る仕組みをつくった。東日本大震災の仮設住宅に反映された「仮設市街地」の考え方は、ここから生まれている。

ただし、過疎化と高齢化が進む農山村で災害が起こったときに、どのような対応ができるのかは難しい問題だ。中越地震当時、「震災によって過疎化が10年進行した」と言われた。一方で、若者が移住して活気が生まれた被災地の集落もある。だが、熊本地震では、その状況は悪化している。それでも、多くの自然災害の経験を踏まえて、被災地を支える人材が徐々に育ちつつある。

被災直後の西原村布田《ふた》集落。村全体の被害は全壊 513 棟、半壊以上 1378 棟

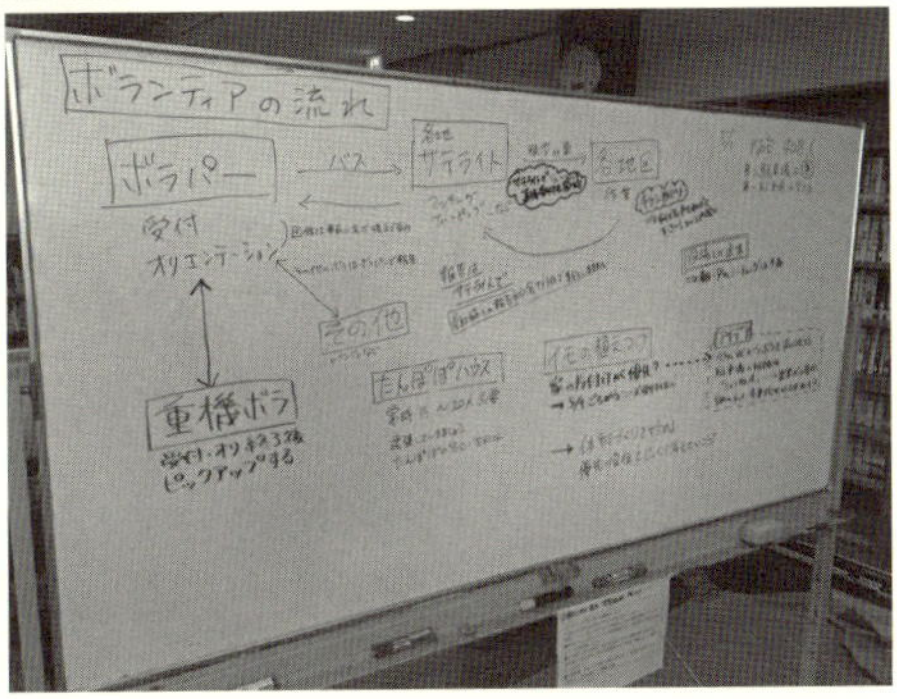

西原村の生涯学習センターに置かれたボランティアセンターでは、中越地震や東日本大震災のボランティア経験者が駆けつけ、適切な人員配置や作業指示などを行っていた

熊本県阿蘇郡西原村

■基本データ（2015 年国勢調査）

面　積：77.22㎢
人　口：6,802 人
世帯数：2,341 世帯
高齢化率：27.7%
第 1 次産業人口：15.8%
第 2 次産業人口：25.9%
第 3 次産業人口：58.0%

■西原村は熊本都市圏と阿蘇カルデラ（南郷谷）の間にある。村の東部は阿蘇外輪山の一部である標高 1,095 メートルの俵山を中心に広大な原野と山林からなり、総面積の 80%を占める。山麓と益城町に接する台地は唯一の耕地で、畑や樹園地として利用されているほか、布田川の流域には水田が拓けている。2016 年 4 月 16 日午前 1 時 25 分に発生した「平成 28 年熊本地震」で震度 7 を観測し、死者 5 名、関連死 3 名、負傷者 56 名、全壊 513 棟、半壊以上 1,378 棟、被害農地など 432 カ所、農業用施設 902 件と大きな被害を出した（被害の状況は 2017 年 4 月末日現在）。

27 集まって住む意味

非常勤講師を務める大学の講義で、2016年にNHKで放送された『縮小ニッポンの衝撃』を学生たちに見せたことがある。行政サービスがままならなくなっている地方の現状、そして人口の一極集中が進む東京都ですら2020年(東京都のデータによれば2025年)に人口減少に転じるという予測に、衝撃を受ける学生が多かったようだ。

そもそも、都市や街とは人の集積である。そこには「集積の利益」が存在する。経済成長期であれば「規模の経済」によるメリットは大きいし、人口減少期であればコンパクトにという話は分かりやすい。

では、少子化によって長期の人口減少過程に入った縮減社会において、集まって住むことのメリットは何だろうか。

地方創生の議論のなかで、「日本版CCRC(生涯活躍のまち)構想」が浮上してきた。これは、基本的には高齢者が集まって地方に住むもので、「サービス付き高齢者住宅」と呼ばれる介護と医療が連携した賃貸住宅が中心となる。

一定程度の人口規模の地方都市であれば、こうした住まい方に対する理解もある。だが、問題は小規模自治体で行うケースだ。「現代の姥捨て山施策」という批判があるのも、この点への不安や疑問からであろう。ふるさと回帰支援センターにも、複数の自治体からCCRCについての相談が寄せられている。どの自治体も、都市住民が生まれ育った地域を離れて「集まって住む」ことのプラス・イメージを示せていない。

ゼロからつくりあげる住まいとコミュニティであるからこそ、単なるサービスではなく、「くう(食う)ねる(寝る)ところにすむ(住む)ところ」としての意義をきちんと提示するべきだ。

2015 年に設立された「生涯活躍のまち移住促進センター」(東京都千代田区有楽町)

日本版 CCRC とは

2015 年 6 月に日本創生会議が発表した「東京圏高齢化危機回避戦略」において、東京・神奈川・千葉・埼玉の 1 都 3 県では、今後 10 年間で 75 歳以上の後期高齢者が 175 万人増え、2025 年に介護施設が 13 万人分不足し、高齢者が病院や施設を奪い合う構図になるだろうという予測が出された。その中で大きく取り上げられたのが高齢者の地方移住で、まだ介護施設や病院の病床に余裕がある地方でゆとりのある生活を送ってもらおうという構想である。

この提案をうける形で「生涯活躍のまち構想＝日本型 CCRC(Continuing Care Retirement Community)(健康な時から介護が必要になる時まで継続的ケアを提供する高齢者施設を中心としたコミュニティ)」を地方につくる動きも活発になった。当然、要介護状態にならないための予防医療、健康支援、あるいは地方大学と連携した社会参加などのプログラムをイメージしている。だが、都市部から地方へ高齢者を送り込む施策に対し、政府主導の「姥捨て山」ではないかと揶揄されていることも事実である。ちなみに内閣府の調べによると、2017 年 10 月時点で「生涯活躍のまち」の取り組み推進意向がある自治体は 245 に及ぶ。

28 人間関係資本を見直す

年度末は、さまざまの報告書を書きながら次年度の展開を考える。2017年3月末に思い返したのは、沖縄県の移住者受け入れ体制づくり支援事業として実施した「地域の世話役養成塾」だ。市町村の移住担当者ではなく、地域側で移住者のサポートをする人たちを育成する初めての講座である。最初の研修で、こう問いかけた。

「もし○○な移住希望者が来たら、誰に、どのような相談をしますか?」(○○に当てはまるキーワードはさまざま)

これは、養成塾参加者が持っている人間関係資本(ソーシャル・キャピタル)を問うものである。

地域で暮らしていれば、空き家を改修するなら工務店のAさんに、起業したい人なら先輩移住者のBさんにといった感じで、相談できる人の具体的な個人名が出てくる。それが人間関係資本だ。人間関係資本が薄い人は、個人名ではなく、団体名や肩書を挙げる。

実は、娘の小学校の卒業式で来賓席に並ぶ面々を見ていて、自分自身も地域での人間関係資本を持っていないことに気づいた。鳥取市に住んでいる友人に聞くと、保育園のパパ友との飲み会や小旅行が頻繁にあるらしい。では、都会だから関係性が構築できないのかというと、そういうわけではない。東京都豊島区に住んでいる友人は地区の消防団に入り、夜な夜な操法大会の練習をしている。都会には都会なりの付き合い方があるのだろう。

卒業式のあと、PTA役員として来賓席に並んでいた妻に聞いてみると、子どもたちの行事を通じて自然と人間関係が生まれたという。新年度は私も、家庭と地域との関係を見直していきたい。

「地域の世話役養成塾」でのグループワーク。世話役に必要な人間関係資本を再確認する

- 自分の住んでいる地区にこんな移住希望者が来たら**「誰に」**相談しますか？

なぜ、その人に相談するのか？
何をしている人なのか？
どんな内容を相談するのか？

↓

皆さんが持っている人間関係資本（ソーシャル・キャピタル）

	相談者の設定
40代の	
夫婦が	○○さん 元商工会事務局長
空き家を借りて	△△さん 15年前に移住して パン屋を経営
新規起業 （カフェ経営）	××さん ××工務店の先代

（出典）筆者作成。

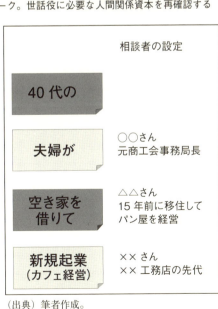

29 土地の所有と利用権

農地法の改正（規制緩和）が2009年にあり、農地取得時の下限面積は引き下げられたが、地方移住の際にネックになるのはこの農地法である。都市からの移住希望者が空き家を買おうとすると、農地も一緒に買い取りをという話になるからだ。

この問題に対しては、空き家に付随する農地の取得に限り、特例として下限面積を1～2アールとする自治体が増えている（18ページ参照）。兵庫県豊岡市や佐用《さよう》郡佐用町は、全国最小の下限面積1㎡とした。

農地法改正でもうひとつ導入されたのが、所有者のいない耕作放棄地に知事が利用権を設定し、希望者に貸し出す「知事裁定」だ。静岡県賀茂《かも》郡東伊豆町では全国で初めてこの制度を利用し、所有者不明の耕作放棄地を農地中間管理機構（高齢化や後継者不足で耕作を続けられなくなった農地を借り受け、認定農業者や集落営農組織などに貸し付ける公的機関）を通じて農家に貸し、農地として再利用されることになった。

東日本大震災時にも問題となったが、日本の不動産登記制度上では、登記は任意である。相続で土地を所有しても登記しない場合も多く、所有者を追跡できないケースが生じている。農林水産省が2016年に行った相続未登記農地等の実態調査では、農地の2割が相続未登記となっている。

政府は、農地に限らず所有者不明のまま放置されている土地の流動化について、借り受けが簡便になるよう農地中間管理機構をモデルとして検討し、2018年6月に「所有者不明土地の利用の円滑化等に関する特別措置法」が成立した。これは自治体にとって、税務上からも喫緊の課題だ。国土交通省ではこうした自治体に向けて、「所有者の所在の把握が難しい土地に関する探索・利活用のためのガイドライン」を策定している。土地の所有と利用の切り離しを本格的に検討する時期ではないだろうか。

現場「お手上げ」

所有者不明農地が山林化

所有者不明の農地が増え続け、近隣農家や農業委員会に重い負担となっている。中山間地では山林化した土地が多く調査は難航、所有者が死亡し子孫が分からないケースも多い。農水省は所有者不明の耕作放棄地を知事裁定で農家に貸し出す仕組みを始めた。ただ、開墾が必要な農地も多く「活用できない農地こそ問題」「誰が管理するのか」と切実な声が出る。条件の厳しい中山間地で、所有者不明の農地の問題が深刻さを増す。（猪塚麻紀子、尾原浩子）

借り手農家少なく　静岡県東伊豆町

急傾斜地の農地が点在する静岡県東伊豆町。軽トラック1台がやっと通れる細い山道を上り、ミカンを作る楠山節雄さん（69）は「規模拡大や集約化と盛んに言われるが、伊豆の山間地の実態とは懸け離れている」と険しい表情を見せる。同町の耕地面積は249㌶。大半は車が通れない山奥にあり、農家は消毒タンクを背負い山道を何往復も"登山"する。収穫も重労働だ。

同町では毎年、農家と役場職員が農地の利用状況を調査する。対象農地は7300筆を超え、地図と照らし合わせる確認作業は時間を要する。登記上は農地でも、山林化した耕作放棄地は相当数ある。その面積は把握できず、多くは所有者も分からない。「現場から言うとお手上げ」（同町農林水産課）の状況だ。

同町は2017年、所有者不明の農地889平方㍍を全国で初めて知事裁定し、農地中間管理機構（農地集積バンク）を通じて農家に貸し付けた。同町が戸籍をたどると、所有者は戦後間もなく死亡し、5人の子どもも孫も亡くなっていた。ひ孫まで調べたが、所有者がつかめなかったことから知事裁定に至ったという。雑草どころか雑木が生え、花のハウスの日照を阻害していた耕作放棄地は現在、借りる農家が、かんきつ栽培に向け農地に復元する作業を進める。

ただ同町によると、金と手間をかけて耕作放棄地を解消したいとする農家は一握り。農業委員会会長も務める楠山さんは「脚立を真っすぐ立てられないほどの急傾斜の農地ばかりで、高齢で耕作を諦める人が多い。農地を相続するメリットがないし、所有者不明の農地は増えるばかり」とみる。

政府は6月、登記の義務化や、所有者が土地を放棄する制度を検討する方針を示した。8日に閣議決定した土地白書でも、8割が土地の所有権を「放棄を認めても良い」と回答する。ただ、同町農業委員会の梅原巧事務局長は「放棄後に費用をかけて農地に復旧しても、誰が管理するのか」と不安を募らす。

かんきつの栽培に向けて復旧を目指す農地を確認する楠山さん㊨ら。全国で初めて知事裁定で利用権を設定した（静岡県東伊豆町で）

九州超す 410万㌶

民間調査によると、16年時点の所有者不明の土地面積は九州を上回る推計約410万㌶。6日の参院本会議では、所有者不明の土地を知事の判断で、期限付きで公益目的で使える特別措置法が成立した。

農水省は14年の農地法改正で、所有者が不明の耕作放棄地に知事裁定による利用権を設定し、農地集積バンクを通じて貸し出す仕組みを導入した。同省によると、これまでに4市3町1村で11件4・6㌶の農地を貸し出している。静岡県内では、公示後に所有者が名乗り出た自治体もある。

中山間地でより深刻に

中山間地では、活用しにくい所有者不明の農地こそ深刻な課題だ。鹿児島県指宿市の農業委員会会長で、オクラなどを栽培する諏訪園一行さん（78）は「相続未登記農地の追跡調査を重ねてきたが、解決は難しい。法制度を整備しても、解決するのは現地感覚では非常に厳しい」と話す。

青森県五戸町農業委員会会長でリンゴ農家の岩井壽美雄さん（67）は「誰も使いたがらない、機械が入らないような狭い農地こそ所有者不明になる。こうした農地を今後どうするのかが問われている」と指摘する。

（出典）『日本農業新聞』2018年6月9日。

30 未来への投資としての人材育成

２０１６年８月２日、政府の大規模経済対策として「未来への投資を実現する経済対策」が閣議決定された。地方創生の項目にもいろいろな施策がある。この中で目を引いたのは総務省の「チャレンジ・ふるさとワーク」事業だ。

たとえば、「ふるさとワーキングホリデー」「お試しサテライトオフィス」「次世代コラボ創業支援事業」などのメニューが挙げられている。ここでは、ふるさとワーキングホリデーに着目したい。これは、都市部の大学生などの若者が一定期間地方に滞在して、地元の企業で働きながら地域住民との交流などを通じて地域の暮らしを学び、地域との関わりを深めるものとされている。

総務省は「ボランティアホリデー」事業を国土交通省とともに２００４年度に立ち上げたが、都市住民の「地方でのボランティア」による都市農村交流を主眼としていた。そのため、都市住民の自己満足という一方通行の交流で終わったという指摘がある。今回のふるさとワーキングホリデーの意義は、むしろ１９９６年度に国土庁が始めた「地域づくりインターン事業」に近いのかもしれない。この事業の世話人をされていた早稲田大学の宮口侗廸名誉教授はかつて、次のように話されていた。

「都市農村交流事業は、都市の人に農村の価値を知ってもらうと同時に、都市の人が自分たちと違う視点を持っていることを農村側が知ることに重要な意義がある」

北海道虻田《あぶた》郡ニセコ町で行われたふるさとワーキングホリデーでは、地域づくりインターン経験者の道庁職員などのプログラム設計により、オリエンテーション・地域交流会・最終報告会でのグループワークによる振り返りなどを行っていた。こうした相互の成長を喚起する内容になってほしい。

熊本県小国町で活動する地域づくりインターン生（2010 年）、地元の高齢者が経営する直売所のリノベーションと看板作成を実施。課題を解決するなかで自然に交流が生まれ、学生たちはその後も何度も足を運んだ（写真提供：一般財団法人学びやの里）

「地域づくりインターンとは、単純化していうなら、都市の若者を地方の小都市や農村地域で受け入れ、そこでの活動に参加してもらうことである。この事業が旧国土庁の地方都市整備課で試験的に始められたのが 1996 年度であったが、2000 年度からは受け入れ市町村と応募学生をきちんと公募して、その後、国土交通省が発足してからも、地方整備課（現地方振興課）で続けられてきた。次のような特徴がある。

第 1 に、おおよそ 2 週間以上のある程度まとまった期間、連続して農村に滞在する。

第 2 に、ある一定程度の期間、農村に滞在することで当該農村の人々との深い交流を行う。農村のリアルな暮らしを体験すると同時に様々な地域づくり活動に参画する。

第 3 に、インターン生としての農村滞在後も当該農村との継続した関係の構築が期待される。したがって単なる一過性の「労働力」としての位置づけではない」（出典：宮口侗廸ほか編著『若者と地域をつくる——地域づくりインターンに学ぶ学生と農山村の協働』原書房、2010 年）

31 空き家バンクは過疎問題を解決できるか

国土交通省は地方自治体が運営している「空き家バンク」情報を一元化する「全国版空き家・空き地バンク」を２０１７年に構築し、２０１８年4月から本格運用を開始した。その目的は、増え続ける空き家対策であり、民間の不動産業による流通の促進である。

そもそも空き家バンク制度は過疎対策の一環として、農山村における市場化しにくい空き家を移住希望者に提供する方法として始まった。道府県の取り組みは、高知県の「こうち・田舎案内」(１９８７年)が最初である。当初は、リゾート構想における都市住民のセカンドハウス的な利用がメインであり、定住を目的とした取り組みは少なかった。

国土交通省の調査によると、２０１７年3月時点で全国の68％の自治体が空き家バンクを開設しているが、その実態は芳しくない。大きな問題は需要と供給のミスマッチである。ふるさと回帰支援センターに来る相談者のおよそ7割は、賃貸物件を希望している。ところが、空き家バンクに登録される物件の多くは売買物件だ。

持ち主が賃貸ではなく、売買を希望する理由は、「改修費用が出せない」「家主として管理できない」が多い。同時に、住んでいないのに流通しない大きな理由は、よそ者に貸して地域に迷惑を掛けたくないという気持ちである。

高知県高岡《たかおか》郡檮原《ゆすはら》町では10年間の定期借家契約を結んで町が持ち主から借り、リフォームして移住者に貸し出している。すでに40軒が移住者の住まいとなった。このように農山村の空き家問題は所有者と地域の気持ちに寄り添うことが重要で、ビジネスの手法で進むわけではないことを再確認したい。

山梨市　空き家対策の業務提携

山梨市 ⟷ 業務協定 ⟷ (社)山梨県宅地建物取引業協会

《業務内容》
(社)山梨県宅地建物取引業協会は、
市に代わって媒介業務を行う。

■期待できる効果
① 公正の確保
② 安心した契約手続の進行
③ 契約率の増加
④ 事業の促進

ポイント
地域住民が家を売りたがらない、貸したがらない理由の一つとして、周囲からの批判が不安という意見がある。地域活性のため自治体に貸すということで、社会貢献的な意味合いを持たせることができ、かつ自治体が間に入っていることで、空き家を貸してもいいという人が通常の空き家バンクよりも多い。

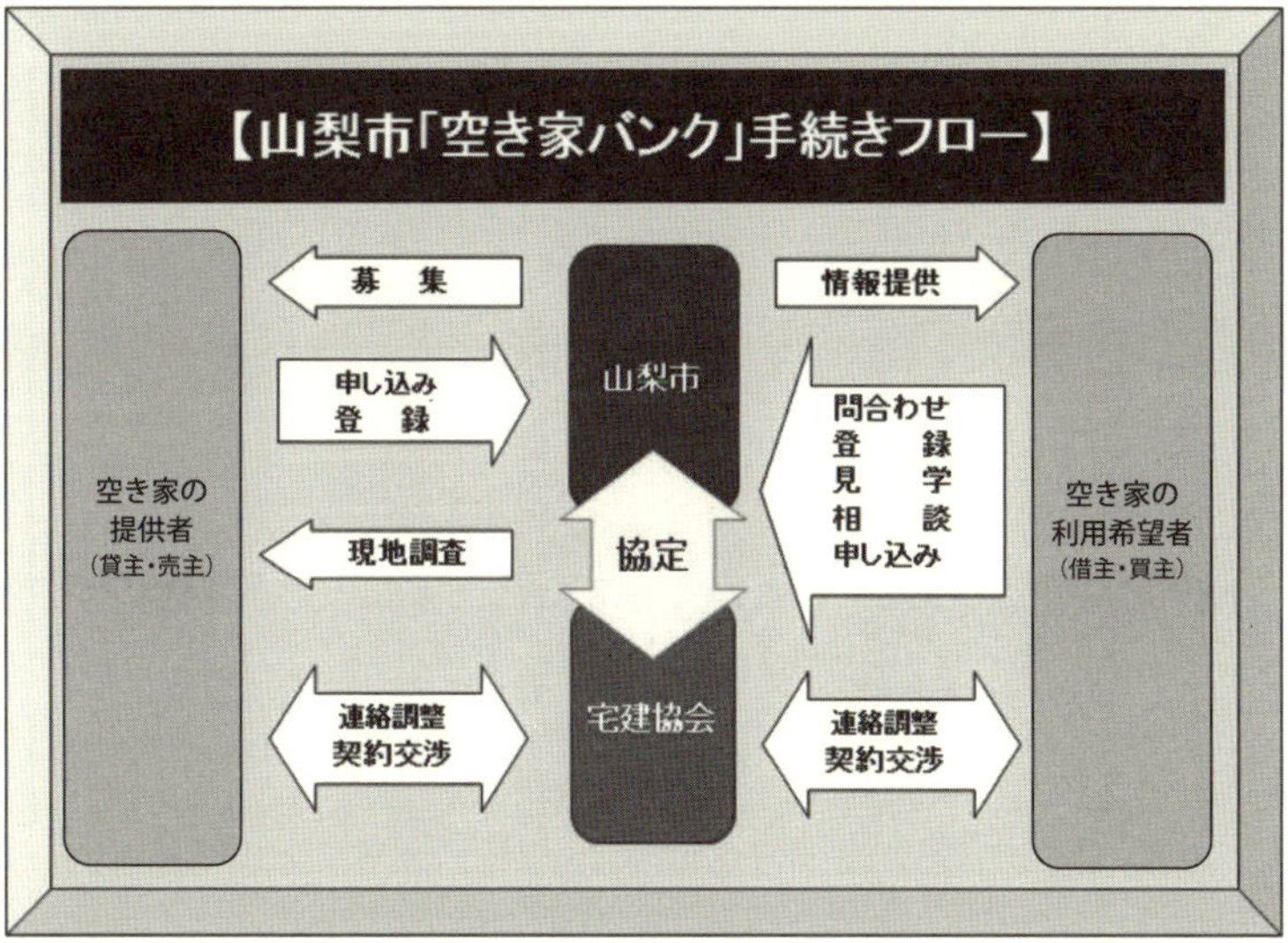

山梨市の空き家バンクは宅建協会と連携して調査や契約業務などを行い、山梨モデルとして全国に広がった。
（出典）ふるさと回帰支援センター作成。

32 共感を生み出すローカルメディア

ふるさと回帰支援センターで移住担当者研修会を開催した際、講師で来られた徳島県名東《みょうどう》郡佐那河内《さなごうち》村の担当者から、村の情報誌『さなのごちそう便り』をもらったことがある。村内に全戸配布するほか、ふるさと納税者にも返礼品の農産物とセットで送付される。2016年8月から毎月発行し、農のある暮らしと生業が、移住者である写真家と書き手によって物語として紡がれている。

佐那河内村ではまた、ふるさとを離れた出身者やふるさと納税者に向けた「ふるさと住民票制度」を2017年度に創設した。ふるさと住民票登録者は、村の計画へのパブリックコメントや提案ができる。さらに、審査を経た登録者を「地域おこし支援員」に任命し、村外でのPR活動にかかる経費を補助している。村からの情報を送るだけでなく、逆に都市に住むファンの力を借り、彼らの「出番」もつくり出しているのだ。単なるモノのやりとりだけでなく、村への愛着や関心を深める点でも効果があるだろう。

こうした意味では「食べる通信」も魅力的だ。「食べる通信」は読みものと食べ物がセットになった、食のつくり手と消費者をつなぐメディアで、2013年の『東北食べる通信』から始まった。このコンセプトに共感する人たちの手によって全国に広がり、2018年7月時点で38地域の「食べる通信」が発行されている。

情報を受信する側だった地方がこうした「ローカルメディア」を通じて地域を超えてつながり、逆に都会に発信する側になった。地域発の情報の多くは、SNSなどを通じて拡散していく。それは共感を生むからだろう。共感を生む物語を地域が発信できるかどうかが、地方創生が成功する鍵になる。

佐那河内村の「さなのごちそう便り」。村の生産者が表紙になるため、「次は誰が表紙になるのか？」と話題になるという

「人づくりとしてのローカルメディア」

2000 年代に熊本県小国町に住んでいたとき、フリーペーパーの発行に関わったことがある。U ターンや I ターンしてくる若者の増加がきっかけで、行政とスポンサーとなる道の駅に話を持ち込み、実現した。U ターン者は高校から町外に出ていて、実は地元のことをほとんど知らない場合も多い。そこで、地域の良さを改めて知る手段として“フリーペーパーを考えたのだ。

U・I ターンしてきた若者たちに声をかけ、編集会議が始まった。すると、知ってそうで知らない地域の魅力を I ターン者から聞かされ、逆に U ターン者からは子どものころの地元の話が出て、思わぬ盛り上がりとなったのを覚えている。

ただ、本音のところは、フリーペーパーづくりをとおして「まちづくり人材」をどう創出できるかにあった。取材を通じて地域の良さを見つけ出す。編集会議を通じてヨソモノの視点から地域の資源に気づく。こうしたプロセスから“地域に誇りを持つ”ことができるのではないかと考えた。

このフリーペーパーに触れた中学生・高校生がいまどうしているのか知りたい。

33 42年ぶりの結婚式

2016年11月、ある結婚式に招待された。新郎・新婦ともに知り合いなので、子どもを連れて参列してきた。場所は山梨県南巨摩《みなみこま》郡早川《はやかわ》町の一番奥にある奈良田《ならだ》地区。20人の集落に200人もが集まった。地区での結婚式は42年ぶりで、祝言《しゅうげん》のやり方も忘れかけていたという。

新郎も新婦も東京からの移住者である。新郎は学生時代に早川町にあるNPO法人日本上流文化圏研究所(上流研)に地域づくりインターンシップとして入ったのがきっかけで、卒業後の2010年にそのまま就職を決め、奈良田地区に移住。移住・定住業務や山村留学の受け入れ支援などを担当していた。上流研は、「山の暮らしを守る」をキーワードに、町のシンクタンク兼中間支援組織として地域資源発掘や集落活動の支援や情報発信などを行う。

新婦は私の大学の後輩で、2011年に限界集落についての卒論を書くにあたって相談を受け、紹介したのが早川町である。私は彼女のフォローを上流研にお願いし、驚くことに彼女もそのまま上流研に就職することになった。そして4年が経過。同僚となった二人の間ではいつの間にか結婚まで話が進んだ。

早川町は4年ぶりの訪問。農山村の地域づくりの若手実践者を集めた研究会や、研修生の活動視察などで何回も訪れていただけに、感慨もひとしおであった。奈良田地区あげての挙式の最初は、新婦が暮らしていた集落の方々による嫁入り行列。郷土民謡の踊りもあり、秋祭りのハレの日を感じた。

なお、2016年に『山梨県早川町——日本一小さな町の写真館』という写真集が平凡社から発売された。写真家の鹿野貴司氏が早川町に通い、人びとの日常の暮らしを撮影している。ぜひ、ご一読いただきたい。

集落をあげての大行事となった結婚式

山梨県南巨摩郡早川町

■基本データ（2015 年国勢調査）

面　積：369.96㎢
人　口：1,068 人
世帯数：573 世帯
高齢化率：47.8%
第 1 次産業人口：5.2%
第 2 次産業人口：20.2%
第 3 次産業人口：74.6%

■早川町は山梨県の南西部に位置し、町域の 96% が森林、3,000m 級の南アルプスの山々に抱かれている。大正時代からの電源開発により景観や生活は変化していった。1960 年代には多くの建設労働者の流入があったが、現在は第 1 次産業の衰退とともに、温泉などを活かした観光業と建設業が主要産業となっている。地形的には大断層、糸魚川一静岡構造線が町を南北に走り、その断層露頭部が国の天然記念物に指定されるなど、地質的にも貴重な場所だ。町名の由来となった早川は町の中央を流れ、大小の滝や渓谷がある。早川町第 3 次長期総合計画「日本・上流文化圏構想」のシンボル施策として 1996 年に日本上流文化圏研究所が開設され、地域づくり活動の中核となっている。

34 技術を伝承する難しさ

２０１７年3月に鹿児島県南九州市を訪問した。旧頴娃《えい》町にある青戸飛行場跡地のトーチカ（防御陣地）の見学が目的だ。この飛行場は当初は枕崎《まくらざき》市に造られる予定だったため、「まのひ飛行場」とも呼ばれている。「枕崎の飛行場」の略称である。ここにはコンクリート製のトーチカが残っている。実は、これは鉄筋コンクリート造ではなく、鉄の代わりに竹を入れた「竹筋コンクリート」造だ。

戦時中の竹筋コンクリートの技術書は、「ガソリンの一滴が血の一滴であるならば、鉄の一片は肉の一片である」という、なんともきな臭い書き出しから始まっている。竹筋コンクリートは、鋼材不足となった戦時下に代用品研究の一環で生み出され、戦後に忘れ去られた技術である。

熊本県小国町にいたころに企画・実施した旧国鉄宮原《みやのはる》線跡地活用プロジェクトで廃線跡の約4キロを遊歩道にしたとき、途中に地元の人たちが「竹筋橋《ちっきんきょう》」と呼ぶ橋があった。建設時に竹を入れているのを見ていたので、そう呼ばれているという。私はがぜん興味を持ち、プロジェクトの一環としてコンクリートのくり抜きまで行い、竹のかけらは発見したが、本当に竹で造られているかの結論は持ち越しのままだ。

竹筋コンクリートの技術は２００９年に、竹筋橋の調査にも参加した米子高専の玉井孝幸教授の指導のもと、ＪＩＣＡ（国際協力機構）の支援でインドの漁村で復活した。経済成長による需要増から鋼材価格が高騰したために、地元で部材が調達できる安価な工法として着目されたのだ。

失われゆく技術は伝承できるだろうか？　たとえば漆掻き道具を作る職人は現在、青森県三戸《さんのへ》郡田子《たっこ》町の中畑文利《なかはたふみとし》さんだけだ。町では産業を支えてきた技術を後世に残すため、地域おこし協力隊を利用して後継者を募集。新岡恭治《にいおかきょうじ》さんが技を継承するため修業中である。こうした制度の活用もヒントになるだろう。

竹筋コンクリート造と言われる旧宮原線の幸野川《こうのがわ》橋梁

竹筋コンクリートを用いたバイオトイレづくり（インドのタミルナードゥ州）（写真提供：玉井孝幸氏）

35 地域文化を継ぐもの

現在は中津川市（岐阜県）と合併した加子母《かしも》村を最初に訪れたのは20年以上も前だ。林業で生きる山村の雰囲気を味わいたいという、どちらかと言えば軽薄な動機で、仲の良い友人が所属する木造建築のゼミ合宿に潜り込み、結局4年以上通った。

この合宿は木造建築を学ぶ学生たちによる「木匠塾《もくしょうじゅく》」というサマースクールで、1997年の開設当時集まったのは京都大学・千葉大学・芝浦工業大学・京都造形芸術大学・東洋大学の5校。「林業の現場で木造建築を学ぶ」という趣旨の、木造建築を専門とする先生たちの合同ゼミ合宿である。その後、ゼミごとの参加から、木造建築サークルの参加に転換しながら続き、2017年の参加者は8大学300名にのぼる。

建築材としての杉と檜の違いや、山に生えている木の見分け方を学ぶところからスタートした。当初は木造建築をとおして山村文化を学ぶ意味合いも強かったと思う。現場で地元の林業家や工務店などに、山のことから木材の良し悪しまで学ぶうちに、職人の技に惚れ込み、その技を身につけたいと、移住する学生たちもいた。いまでは木匠塾で学んだ学生が教員となり、学生を送り込む側になっている。

なぜ学生を受け入れるのか。木匠塾が始まったときの粥川眞策《かゆかわしんさく》村長に聞くと、こんな言葉が返ってきた。

「学生の滞在による直接的な交流効果や製作物のインパクトではない。社会に出て建築に携わるときに、加子母の檜を思い出してほしいからだ」

そこには、木を育てるのと同じように、木造建築に関わる人を育てるという意思があった。

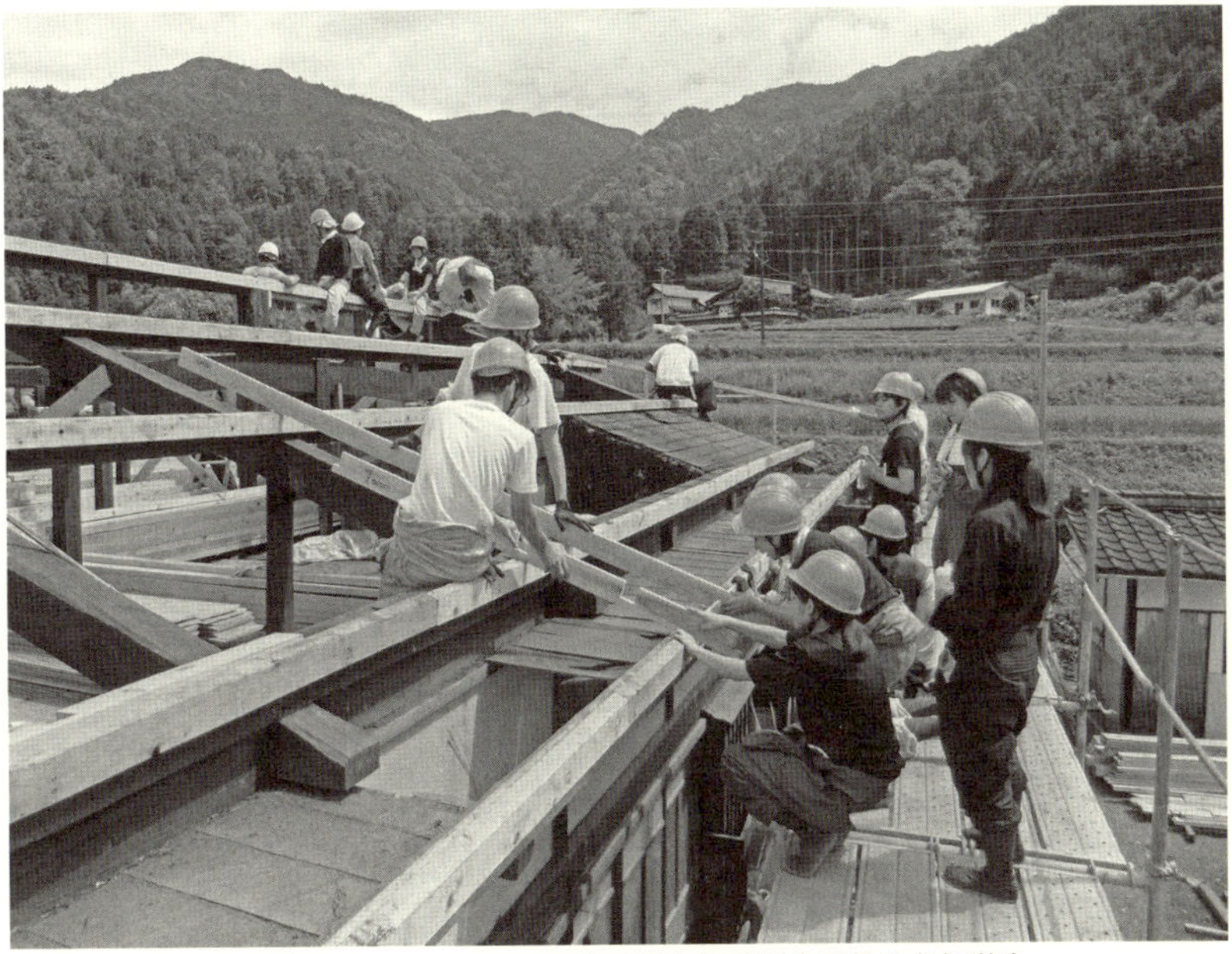

空き家のリノベーションに取り組む加子母木匠塾の参加学生

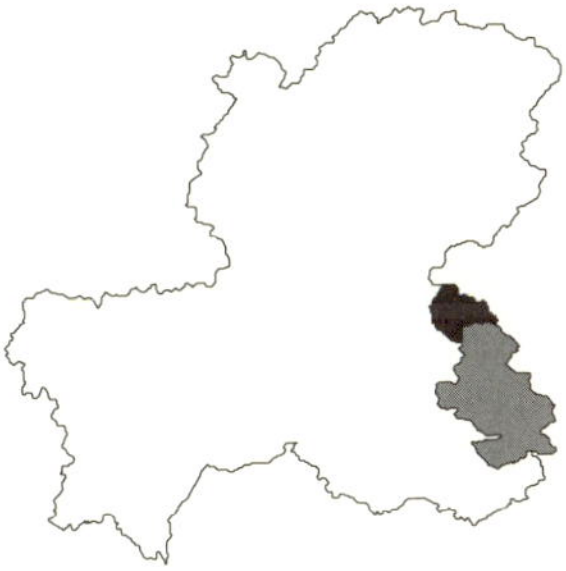

岐阜県中津川市加子母地区

■基本データ（2015 年国勢調査）

面　積：114.17㎢
人　口：2,815 人
世帯数：953 世帯
高齢化率：36.7%
第 1 次産業人口：16.1%
第 2 次産業人口：37.0%
第 3 次産業人口：46.2%

■加子母地区は岐阜県の東部、長野県との県境に位置する山間地で、2005 年 2 月に中津川市に編入されるまで恵那郡加子母村であった。中津川市の最北端に位置し、北端の山中に発して加子母地区を貫流する加子母川にほぼ平行して縦貫する国道 257 号に沿って、帯状に長く形成されている。地区の約 94% が山林で、生産される質の良い檜は「東濃檜」として建築材などで使用される。また、地区の国有林にある神宮備林は、伊勢神宮の式年遷宮に使用される木材を供給してきたことで有名だ。主な産業は林業のほか、農業、畜産、木工業など。7 ～ 10 月に収穫される夏秋トマトに加え、飛騨牛の肥育では県内有数の産地である。

36 家を遺すために

福井県美浜町のＮＰＯ法人ふるさと福井サポートセンター理事長・北山大志郎《だいしろう》さんに、空き家の活用の取り組みを聞いたことがある。

もともと地場の建設業の跡取りだった北山さんは、事業として空き家の見守りサービスを始め、さらに移住支援と空き家の利活用を目的としたＮＰＯを立ち上げた。

ところが、移住希望者に空き家を紹介しても、状態の良い物件しか成約しないという。住まなくなった直後をＡランクとすると、わずか1年でＢランクに下がる。Ｂランク以下の物件は空き家のマッチングサービスを行っても、まず成約まで至らない。こうして、放置され、朽ちていく空き家が地域にあふれる。

各地の自治体も手をこまぬいているだけではない。空き家対策条例（適正管理条例）の制定に乗り出し、２０１２年の31自治体から２０１７年には４５０自治体にまで大幅に増加した。また、２０１５年に施行された「空家等対策の推進に関する特別措置法」で、自治体による空き家への立ち入り調査も認められた。それでも、対策は後手に回っている。

ふるさと福井サポートセンターでは、２０１７年9月から新たに社会福祉協議会と連携して、空き家の管理サービスを始めた。在宅介護を推進してきた社会福祉協議会にはかねてから、一人暮らしのお年寄りが施設に入る際の住居管理の相談が多く寄せられていたという。そこで、状態の良い物件を確保しようとするサポートセンターの方針とマッチさせ、空き家管理を含めたケアプランを事業化した。

福祉との連携で家を住みつなぐ挑戦に、期待したい。

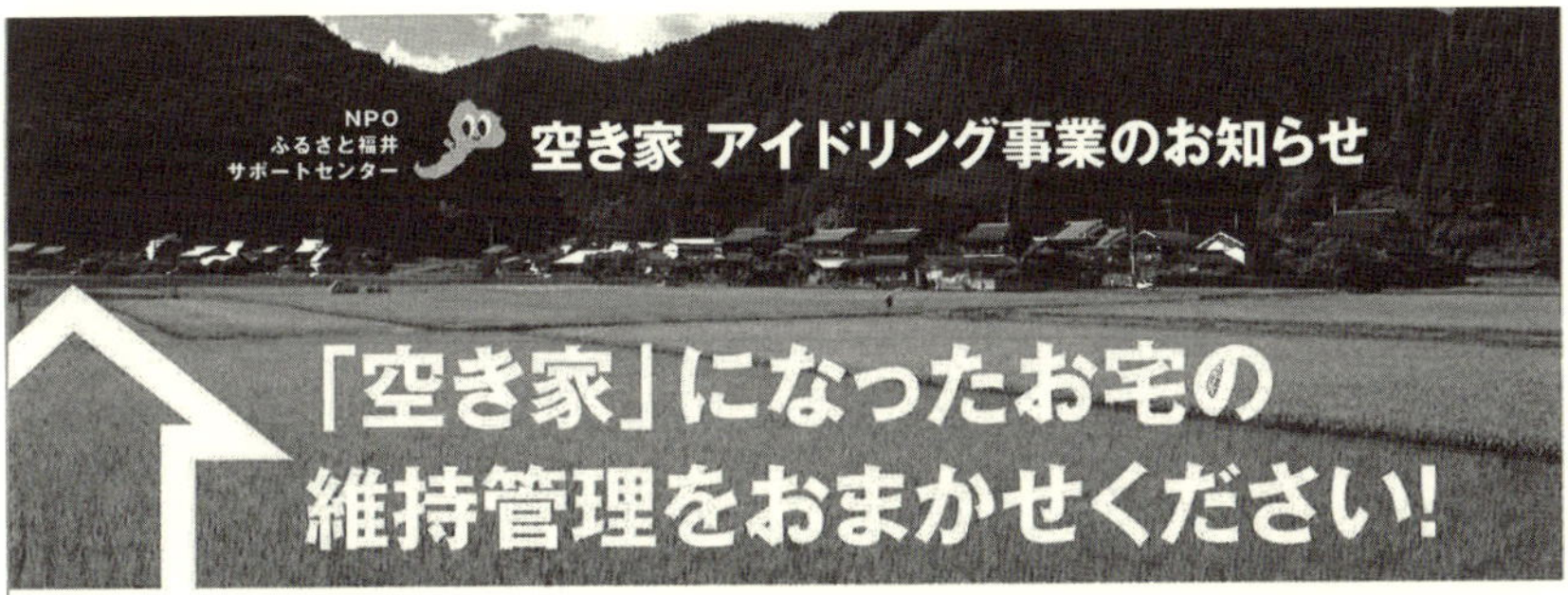

こんなご意見を耳にしませんか?

長期間の入院施設に入った後の管理が心配だわ。
家族も遠方にいて、なかなか来れないし…大丈夫かしら?

サービスの対象者:下記の3つの条件を全て含む方のみ対象となります。

◎美浜町内の物件　◎空き家バンク登録物件　◎修繕箇所が少なく、利用可能な物件

サービスの内容	回数	時間	金額
①通常業務 ※室内の通風、簡易的な清掃 玄関前等の簡易的な清掃	1回	60分程度	1,000円(税抜き)
②上記業務以外の業務	要相談	要相談	別料金が必要です

ご自宅の維持管理サービスをふるさぽが請け負います!
利用者がお宅のことを心配なく、安心して施設に入れる環境をふるさぽがお手伝いいたします!

なぜ、サービスを始めたのか?

人が住まなくなった家は、だいたい1年で痛みはじめ時間を追うごとに使えなくなってしまいます。利用可能な空き家を放置せず、ふるさぽが維持管理サービスを行い管理が行き届かない所に対応しすぐ利用できる状態を維持することを目的とします。

NPO法人 ふるさと福井サポートセンター(ふるさぽ)

私たちNPO法人ふるさと福井サポートセンターは、美浜町を中心として空き家見学ツアーを企画し、空き家と空き家に住みたい人をつなげる「空き家マッチング事業」をおこなっています。近年過疎化が進む中、ひとつでも多くの空家を活かしたい!地元の活性化につなげたい!という思いで活動しています。平成28年11月美浜町と空家対策に関する連絡協定を結びました。

お問合せ **NPO法人ふるさと福井サポートセンター**　理事長　北山大志郎

TEL/FAX 050-3565-5782　〒919-1131 福井県三方郡美浜町木野21-4-17

[E-mail] info@furusapo-fukui.com　[URL] http://www.furusato-fukui.com　[Facebook] http://www.facebook.com/furusapo

空き家アイドリング事業チラシ(NPO法人ふるさと福井サポートセンター)

37 縮減社会におけるインフラの維持

大阪府吹田《すいた》市の万博記念公園にある太陽の塔の内部が２０１８年に限定公開された。大改修を前にした一般公開で抽選と聞いていたので、父親と二人で応募したが、残念ながらはずれてしまった。

１９７０年の大阪万博のシンボルである太陽の塔は、岡本太郎氏の有名なデザインが完成する前に設計施工業者の公募があり、その後デザインを見て施工方法が決まったという。施工責任者だった父から聞いた裏話である。ちなみに、当時国内建築物への施工例が少なかった「ショットクリート」と呼ばれる吹付けコンクリートによる施工を提案したのは、入社2年目の父だったという。

本来は万博終了後に取り壊される予定で、設計時にさほどの耐久性は考えられていない。こうした構造物の保存には莫大なコストがかかる。今回の太陽の塔の改修費用は約13億円である。

高速道路・新幹線・モノレール、そして上下水道に電気・ガスなど、高度経済成長期の構造物・建築物の老朽化は社会問題化している。２０１５年に静岡県浜松市で橋梁の落下事故が起きたときには、全国で緊急調査が行われ、５０００以上の橋梁で修理を行う必要があると判定された。国土交通省は２０１７年度に市町村道の老朽化対策への支援を強化したが、気の遠くなるような話だ。

東京をはじめとする大都市は、人口の流入によって機能を維持し、その税収によって膨大なインフラが維持されてきた。ところが、２０１８年3月の東京都の発表によると、東京ですら２０２５年から人口は減少していく。

インフラの老朽化問題は、利用者が少なくなった農山村を中心にこれから続出するだろう。これを、非効率な農村はいらないという「農村不要論」や「農村たたみ論」のきっかけにしてほしくない。

おとなになるまで生で見る機会がなかった太陽の塔。そもそも仮設の予定だった建造物が 50 年近く経ってさらに延命されるのは、父にとっても誇りだろう

「建物って、10 年もてば 50 年はもつんです。そのあいだに技術も進歩しますしね。だけど最初から半年もてばいいやっていい加減につくったら、ほんとうにそうなる。そんなことではダメです（太陽の塔施工担当 嵩英雄（竹中工務店、当時））」（出典：平野暁臣『太陽の塔 岡本太郎と 7 人の男たち――48 年目の誕生秘話』青春出版社、2018 年）

38 聖地巡礼

2017年の元日、いまさらながらではあったが、家族で『君の名は。』を見に行った。公開から4カ月が経ち、しかも元日の夕方。にもかかわらず、映画館はほぼ満席であった。舞台となる「糸守町《いともり》」は良き田舎として描写されつつ、農村の「イエ」を守らなくてはいけないというしがらみと閉塞感を女子高校生の視点で描いてもいる。

もちろん、「糸守町」は架空の町であるが、岐阜県飛騨市や長野県南佐久郡小海町《こうみ》などモデルとなった地域が推測され、散策に出かけるファンが多い。アニメのファンによってモデル地が発見され、そこに人が押しかける現象は、「聖地巡礼」と呼ばれる。また、アニメに限らず、映画やドラマの舞台となった地域をめぐる旅は「コンテンツ・ツーリズム」と呼ばれる。かつては大林宣彦《のぶひこ》監督のいわゆる「尾道三部作」(『転校生』『時をかける少女』『さびしんぼう』)で、ロケ地の広島県尾道市にたくさんの観光客が訪れた。

近年は、こうした「聖地巡礼」を地域おこしの手段として使う自治体が増えている。ブームの大半は一過性だが、舞台やモデルとなった地域に興味を持つ熱心なファンは多い。なかには、移住する人も出てきている。アニメ『Ｆｒｅｅ！』の舞台となった鳥取県岩美《いわみ》郡岩美町には、この作品がきっかけで移住した地域おこし協力隊員がいた。

ただし、映された情景はあくまでも一部分を切り取ったものである。その地域の暮らしを知るには、住んでいる人たちとのコミュニケーションが欠かせない。

それにしても、何が人を農村に引きつけるのか。それを確認するためにも、いま一度『君の名は。』をＤＶＤで見てはいかがだろうか。

『君の名は。』の舞台のモデルとなった飛騨市の落合バス停跡地

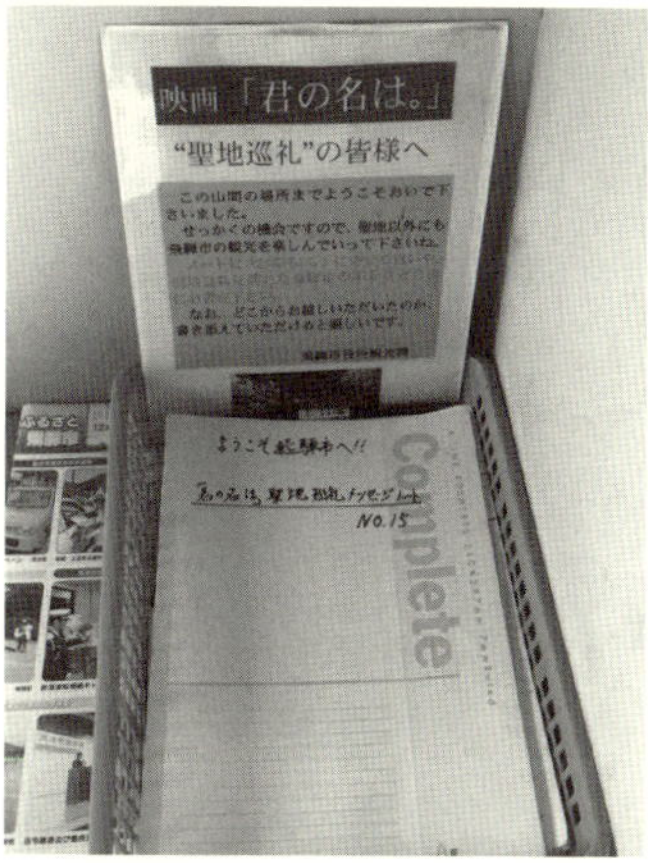

バス停内に置かれている「聖地巡礼」メッセージノート

マニアの聖地巡礼発祥の地として知られているのが、秘境駅として有名な長野県上伊《かみい》那《な》郡飯島町のJR飯田線田切《たぎり》駅である。1991年のOVA(オリジナル・ビデオ・アニメーション)『究極超人あ～る』で登場し、主人公たちがここから伊那駅まで自転車で走った。その後、鉄道マニアとともにこの作品のファンが訪れるようになり、駅近くの商店ではファンのコメント帳が置かれた。その商店はいったん廃業したが、近くの住民によって引き継がれ、2012年からは年に一度ファンが訪れてロードレース大会を開催している。

2018年には飯田線100周年を記念して、田切駅前に「アニメ聖地巡礼発祥の地」の碑が建てられた。クラウドファンディングで資金を集めたのだという。商店を引き継いだ女性が、記念碑が完成する7月28日に丸をつけたカレンダーを見せながら嬉しそうに話してくれたのが印象的だった。

39 国防としての地域政策

各省庁の2017年度地方向け予算を見ていて、「特定有人国境離島地域社会維持推進交付金」が目についた。この交付金は、2016年4月に成立し、2017年4月に施行された「特定有人国境離島法」(通称)に基づいている。定期航路の運賃や輸送費の値下げ、滞在型観光の促進、地域住民・移住者の起業や継業の支援、新規雇用に対する資金提供などの措置が採られる。

特定有人国境離島法は基本的に有人離島を無人化させないための法律で、離島に人が住み続けることで海という目に見えない国境を守るという主旨である。国境に位置する離島への支援は、かつてフランスがコルシカ島への支援策として行った「国土連続制交付金」と同じ考え方であろう。学生時代にパリ行政学院(フランスの高等職業教育機関)に通う日本人留学生から聞いた「フランスは、農村維持政策を国防と結びつけて考えている」という言葉を思い出す。ともあれ、大陸国家と海で隔てられている島国とでは、領土保全に関する根本的な意識に大きな差がある。

2014年に国土交通省が発表した「国土のグランドデザイン2050~対流促進型国土の形成~」では、日本の主権と領土・領海を堅守するとともに、国境に位置する離島に住み続けることが国家としての利益であるとしている。そして、そこに住む人を「現代の防人」と呼んだ。

ただし、「住み続ける人がいることで国境周辺が守られる」というのであれば、支援が必要なのは離島だけではない。たとえば北海道は、深刻な鉄路の廃線問題をかかえる。先日出張で乗った釧路と網走《あばしり》を結ぶ釧網《せんもう》本線は、通学の高校生で満員だった。彼らが暮らし続けたい地域の維持も国防と言えるだろう。

特定有人国境離島地域一覧

特定有人国境離島地域の名称	特定有人国境離島地域を構成する離島	都道県	市町村
利尻・礼文	礼文島	北海道	礼文町
	利尻島		利尻町、利尻富士町
奥尻島	奥尻島	北海道	奥尻町
伊豆諸島南部地域	三宅島	東京都	三宅村
	御蔵島		御蔵島村
	八丈島		八丈町
	青ヶ島		青ヶ島村
佐渡	佐渡島	新潟県	佐渡市
舳倉島	舳倉島	石川県	輪島市
隠岐諸島	島後	島根県	隠岐の島町
	中ノ島		海士町
	西ノ島		西ノ島町
	知夫里島		知夫村
見島	見島	山口県	萩市
対馬	対馬、海栗島、泊島、赤島、沖ノ島、島山島	長崎県	対馬市
壱岐島	壱岐島、若宮島、原島、長島、大島	長崎県	壱岐市
五島列島	宇久島、寺島	長崎県	佐世保市
	六島、野崎島、納島、小値賀島、黒島、大島、斑島		小値賀町
	中通島、頭ヶ島、桐ノ小島、若松島、日島、有福島、漁生浦島		新上五島町
	奈留島、前島、久賀島、蕨小島、椛島、福江島、赤島、黄島、黒島、島山島、嵯峨ノ島		五島市
	江島、平島		西海市
甑島列島	上甑島、中甑島、下甑島	鹿児島県	薩摩川内市
種子島	種子島	鹿児島県	西之表市
			中種子町
			南種子町
	馬毛島		西之表市
屋久島	屋久島、口永良部島	鹿児島県	屋久島町
三島	竹島、硫黄島、黒島	鹿児島県	三島村
吐噶喇列島	口之島、中之島、諏訪之瀬島、平島、悪石島、小宝島、宝島	鹿児島県	十島村

（注）既存の特別振興法がある小笠原諸島、奄美群島、沖縄は対象外となっている。
（出典）国土交通省資料より筆者作成。

40 小さな拠点としての共同店

「まち・ひと・しごと創生総合戦略」では、中山間地域などの「小さな拠点」の形成が施策の柱となっている。「小さな拠点」は、人口減少に伴う生活サービス機能の集約化・効率化を図るものである。

その機能のひとつとして、「集落コンビニ」と呼ばれる売店がイメージされている。モデルは「共同店」(共同売店)だ。共同店は集落の住民が共同で出資・運営し、沖縄本島北部や離島、奄美地域(鹿児島県)などに見られる。その歴史は古く、沖縄県国頭村《くにがみ》にある奥共同店の開業は1906(明治39)年。100年以上続いている店もあるのだ。

かつては道路が整備されておらず、共同店は購買機能だけでなく、金融機能も含めた集落のライフラインを担っていた。だが、人口減少や交通の利便性の向上による売り上げの減少のため、閉鎖に追い込まれる店舗が増えていく。経営難から、個人に経営を委託したり、店舗や管理者を公募したりする共同店も現れている。一方で、最近は国頭郡大宜味村《おおぎみ》塩屋の大川共同店や、国頭村安田《あだ》の安田協同店など、都会からの移住者が経営を引き継ぐケースもみられる。また、集落が個人に委託する請負型も増えているという。

もっとも、決して経営が安定しているわけではない。

主な購買層である高齢者の暮らしを支えるには、共同店は欠かせない。しかし、インターネット通販や生協の宅配事業などライバルは多い。

それでも、売り上げを伸ばしている共同店もある。安田協同店では、寄り合いの場の提供のほか、挽きたての自家焙煎コーヒーを飲めるようにするなど、〝攻める〟経営を行っていた。ここに小さな拠点のヒントもあるだろう。

交通アクセスの悪い集落にとって必要不可欠な奥共同店

移住者が継業した大川共同店

半市場経済が地域を持続させる

内閣府の調査によると、2017年5月時点で「小さな拠点」を形成しているのは424市町村、1506カ所(うち市町村総合戦略に位置づけられているのは908カ所)である。今後の予定も併せると、1930カ所で形成されることになる。ただし、これが地方創生交付金を受けるだけの絵に描いた餅になる危険性はないだろうか？　課題は担い手不足である。

共同店の基本は、共同出資で店を支え、結果として住民の生活を守っていくことにある。課題は、やはり担い手不足だ。

41 ローカル・トラック

地方の高校を卒業して、都会に出るか、地元にとどまるか。一見、個人の選択に委ねられているように思えるが、実際はそうではない。

大阪大学の吉川徹教授の『学歴社会のローカル・トラック――地方からの大学進学』（世界思想社、2001年）は、各地の高校の進学クラスの生徒の追跡調査をもとにした本だ。都会の大学に進学したものの地域に戻った若者などのライフヒストリーを描いている。吉川氏は述べる。

「ローカル・トラックとは、それぞれの地方の出身者が、アカデミックな進路選択とは別次元のものとして、自らの地域移動について選択してゆく進路の流れである」

地方の若者にとって、進路は、抗いようのないさまざまな仕組みによって、潜在意識下でコントロールされたものだったかもしれない。しかし、最近では少しずつ状況が変わってきたように感じる。

若者がふるさとに戻るきっかけづくりとして、福井県や高知県などではお盆の帰省の時期に合わせ、Uターン就職相談会を地元で開催。大分県や富山県などでは、30歳の同窓会を開いている。かつて長野県で行われていた「若鮭アカデミー」では、長野県出身の若者が東京から地元に戻る様子を鮭の遡上になぞらえ、「どこでどんな仕事をしたいのか？」を学ぶ場を設けていた。長野県内で就職したい・県内に転職したい若者と地元企業のマッチングである。

Uターン相談に来る若者の話を聞くと、ふるさとに残っている同級生たちとＬＩＮＥなどのＳＮＳを通じて常時やりとりをしている。そのおかげで、帰った際にもギャップを感じず、戻りやすいのだろう。

従来のローカル・トラックに抗う新たな動きが、若者のUターンという形で現れてきたようだ。

従来のローカル・トラック

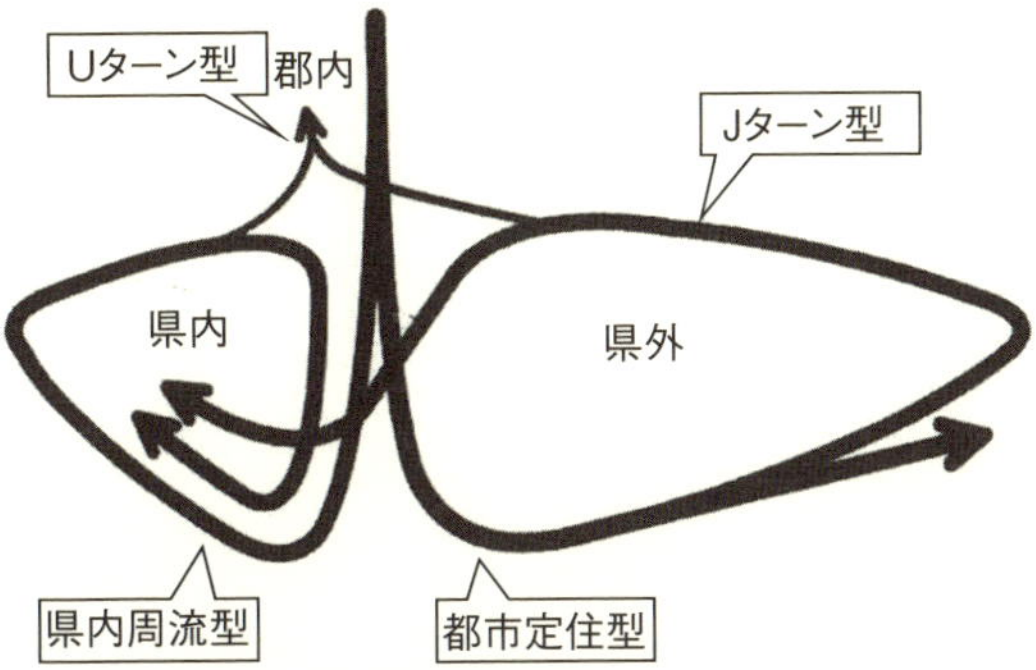

（出典）吉川徹『学歴社会のローカル・トラック――地方からの大学進学』世界思想社、2001 年、227 ページ。

渋谷ヒカリエで行われた信州若者 1000 人会議 2013（写真提供：児玉光史氏、株式会社地元カンパニー）。Facebook や Twitter などの SNS の普及は、情報のシェアだけでなく、共感のシェアを可能にし、従来の縦横のつながりだけではない新しいつながりを生み出す「場」として機能している

広島県の湯崎英彦知事が、「故郷に錦を飾る」ではなく「故郷で錦を織る」という発想の転換が必要ではないか、と語っていた。「故郷で錦を織ろうとする」人たちの人生には、おそらく「都落ち」という言葉は存在しない。都会に出てふるさとの良さに気づき、「ふるさとで錦を織る」ために都会で力をつけて、戻っていく。

「住めば都」ではなく、「ふるさとが都」だったことに早めに気づいた若者たちが、これからの農山村の担い手となる。

42 場と役割

過去に参加した興味深いイベントに、島根県が主催する「しまね留学合同説明会」がある。県内の過疎地域の高校が、都会の子どもたちを受け入れる取り組みだ。

2018年度の受け入れ校は19校にまで増えた。最も多くの生徒を集めているのは、離島の隠岐《おき》郡海士《あま》町に位置する隠岐島前高校である。隠岐島前高校は高校魅力化プロジェクトの一環として、島根県内の中学校からの受け入れを「島留学」として、2010年度から先駆的に行っていた。それが全県に広がった形である。

2016年に行われた説明会には「島留学」の卒業生も参加し、高校生活や離島暮らしの生の声を中学生や保護者に伝えていた。自分の意思で隠岐島前高校を選んだ埼玉県出身の卒業生は、「卒業後もこうしたイベントに呼ばれ、第二のふるさととなった隠岐島に関われることが非常に嬉しい」と言う。

同じような感想を東京・南青山にある福井県のアンテナショップで行われていた三方上中《みかたかみなか》郡若狭《わかさ》町の梅酒試飲・販売会で聞いた。店頭で「梅酒大使」として試飲を手伝っていたタレントの羽鳥早紀さんは、大学生時代に若狭町と若狭三方五湖観光協会が募集する「若女将インターン」に参加した経験を持つ。若狭町内の漁師民宿に住み込んで接客などを体験したそうだ。「梅酒大使」の依頼があったときは、お世話になった地域に恩返しをしたいという思いから引き受けたという。

都市に戻った後のほうが、留学やインターンで関わった地域との関係性を保ち続けるための「場」や「役割」を強く求めているのかもしれないと気づかされたイベントであった。

東京都港区のグリーンパークプラザで行われた「しまね留学」説明会(2016年6月)。自らの意志で、遠く離れた過疎地の高校に進学することを決める中学生たち。新しいふるさとがつくれるのも、こうした地方留学の魅力であろう

島根県への高校留学生の出身地(2011～17年度)

地　方	合　計
北海道・東北	10
関東	179
北陸・信越	5
東海	27
近畿	227
中国・四国	449
九州・沖縄	24
海外	10
合　計	931

県外の中学校から島根県の高校に入学した生徒数

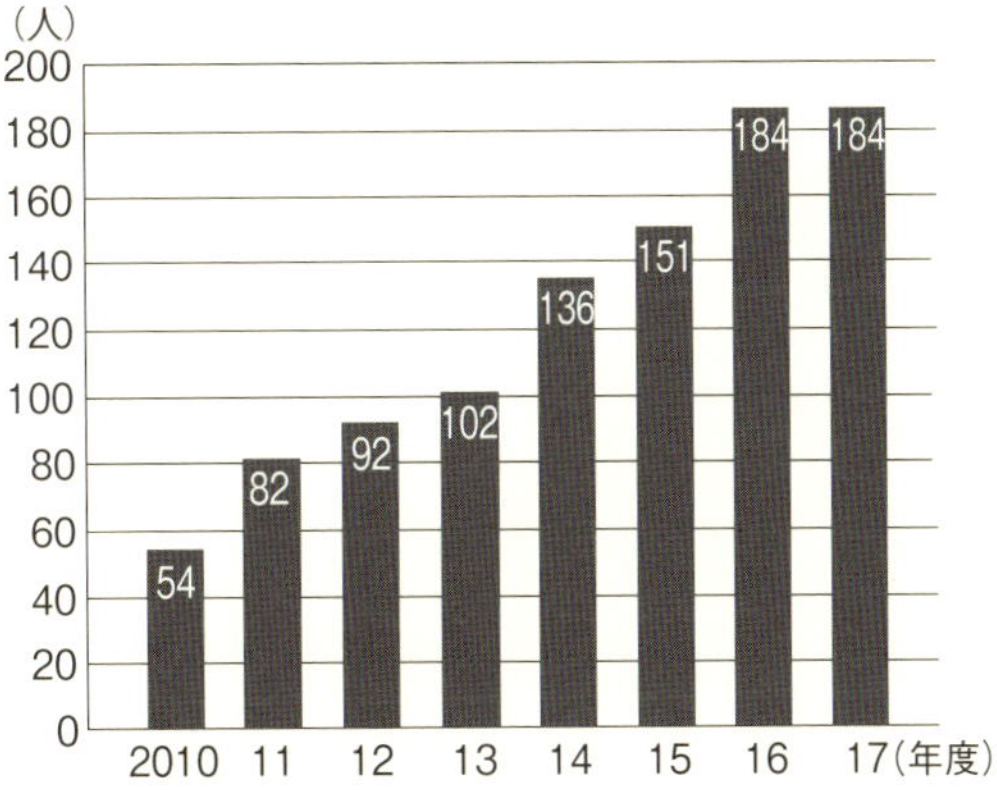

(出典) しまね留学ウェブサイト(https://shimane-ryugaku.jp/)。

43 覚悟を決める

2017年7月に届いた、奄美群島の加計呂麻島《かけろま》（鹿児島県大島郡瀬戸内町）産パッションフルーツ。贈り主は2013年にふるさと回帰支援センターの紹介で新規就農したAさんである。

当初は静岡県でトマト栽培を希望し、静岡県庁から農業研修ができる農家の紹介を受け、勤めながら有給休暇をとって短期研修を繰り返していた。「結局、奄美に決めました」と連絡をもらったときは驚いた。よく聞いてみると、気になる地域は家族で訪問し、「ここしかない」と決めたのが加計呂麻島だったという。

私が最初に相談に乗った時点では、すぐにでも仕事を辞めて地方に行きたいと話していたが、「じっくり腰を据えて、納得ゆく場所を探しましょう。冬のボーナスをもらってからでもいいんですよ」とアドバイスをした。

安定した職を辞して新たに農業を始めたいという覚悟を持って農山村に向かう人がいる一方で、受け入れ地域側の覚悟はどうだろうか。担い手不足やTPP（環太平洋経済連携協定）への不安から、農業の展望を描けないという話は多い。では、地域の将来像を見据えて、移住希望者に向き合う覚悟を決めている住民やJA職員は、どれだけいるのだろうか。

日本農業新聞の連載「ムラを目指す若者たち」で、富山県下新川郡《しもにいかわ》朝日町の笹川《ささがわ》集落に住む小林茂和《しげかず》さんが語っていた「危機感を共有し、諦めない姿勢」が移住者の共感を呼び、定住に結びつく。覚悟と諦念は、まったく異なる。

私たちは、覚悟を決めた人たちを諦めない地域に送り出すことを続けていきたい。

加計呂麻島の移住者から届けられたパッションフルーツ

九州・沖縄の離島での農業は、一筋縄ではいかない。敵は、熱さと台風、そして病害虫だ。2015 年には根絶させたはずのミカンコミバエが侵入、植物防疫法に基づいて島外への出荷禁止措置が採られ、まったく出荷できなかった。それだけに、贈られてきたこのパッションフルーツには、人並みならぬ思いがこめられている。

49 歳以下の新規就農者数の推移（就農形態別、2007～17 年）

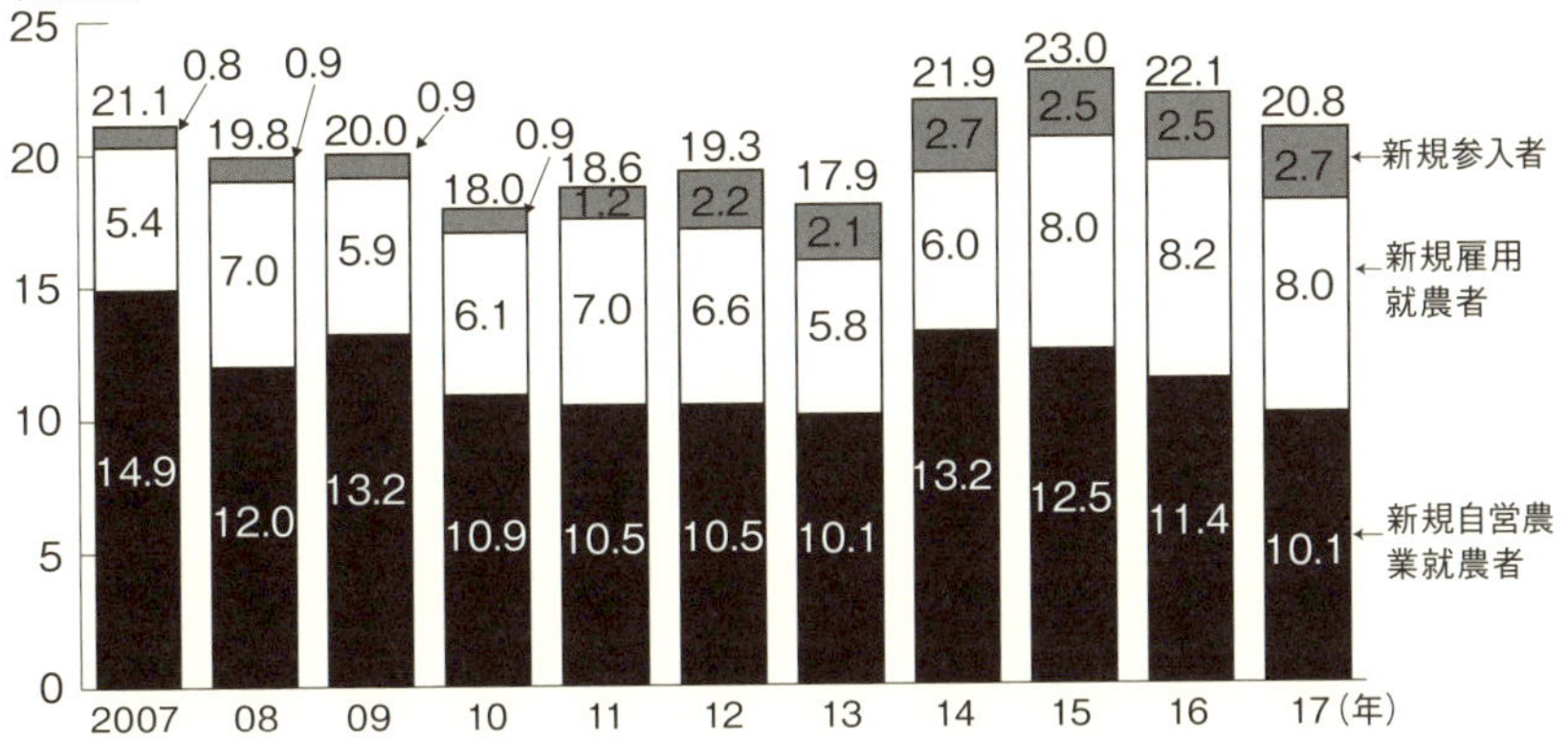

（出典）農林水産省平成 29 年新規就農者調査（http://www.maff.go.jp/j/tokei/kouhyou/sinki/）。

44 石の上にも……

ふるさと回帰支援センターは、２０１７年に15周年を迎えた。現在のように移住希望者が押し寄せる状況ではない時代からの15年である。

最近は地方創生の動きにあわせ、これまで地方移住に見向きもしなかった広告代理店や人材派遣会社なども続々と参入してきている。「柿も青いうちは鴉《からす》も突つき申さず候」という。熟した柿が食い尽くされたあとに、何が残るのだろうかと一抹の不安を感じる。

迷ったときは原点回帰。学生時代にお世話になった、新潟県旧高柳町（現柏崎市）にある荻ノ島集落の春日俊雄さんを訪ねた。高柳町は１９８０年代後半から、「住んでよし、訪れてよしの、じょんのびの里づくり構想」を策定し、定住促進と交流を軸としたまちづくりを実践してきた地域である。「じょんのび」とは方言で、「ゆったり、のんびりし、身体の芯から心地いい状態」を指す。

30年間で何が変わり、何が変わらなかったのか、地方創生と移住ブームは地域に何を引き起こすのかなどを話しているうちに、少しずつ目指すべきところが見えてきた。

最近の移住者は、助成金や支援制度の有無ではなく、北海道上川郡東川《ひがしかわ》町や大分県竹田市など、地域づくりや都市農村交流に継続して取り組んできたところに集まる傾向がある。交流を通じて地域側がよそ者に慣れ、受け入れられやすくなると言われている。でも、それだけではないだろう。長年の地域づくり活動の経験や失敗によって、目先の数字だけでなく、長いスパンで考えられるようになるということだ。

地域づくりの結果として移住者が集う、「住みたい人が住み続けられる地域」を、これからも探していきたい。

荻ノ島の環状集落　20 年前と変わらないように見えても、実は年々、茅葺き屋根農家が取り壊されているという。集落の営みの原点である水田だけは変わっていない

新潟県柏崎市高柳町

■基本データ（2015 年国勢調査）

面　積：66.78㎢
人　口：1,504 人
世帯数：668 世帯
高齢化率：58.6%
第 1 次産業人口：19.2%
第 2 次産業人口：24.8%
第 3 次産業人口：56.0%

■高柳町は新潟県の南西部に位置し、2005 年 5 月に柏崎市に編入合併されるまで刈羽郡高柳町であった。ほぼ中央部を南北に貫流する鯖石川沿いの小規模な平坦地と比較的平らな山腹に 19 の集落が点在し、山林が 74%を占める。急激な過疎化と高齢化の進展によって地域存続の危機感が表面化し、町民有志が手探りの活動の中から 1988 年に「ふるさと開発協議会」を発足。新しい産業として、茅葺き屋根農家が残る伝統的な農村の原風景を活用した都市との交流を推進するという「住んでよし、訪れてよし」の「じょんのび高柳」を提言し、「農村滞在型交流観光構想（じょんのびの里づくり構想）」を 1990 年に策定した。

45 わくわくを創る

知人が北陸新幹線の上越妙高駅前（新潟県上越市）に、「フルサット」という建築用コンテナによる複合商業施設を2016年につくった。特徴は、補助金に頼らなかったことだ。

オーナーの平原匡《ひらはらただし》さんは、北陸新幹線が開通したものの閑散としたふるさとの上越妙高駅前に賑わいを創り出したいという思いから、商業施設の計画をたてた。初めに、自らのオフィスともなるコンテナを設置する。そのとき私は図面を見ながら話を聞いたが、実はいまひとつピンとこなかった。

ところが、店舗のコンテナが増えると、市《いち》ができあがっていく。2018年7月現在8店舗。何もなかったところに新しいまちができあがる過程は、非常にわくわくする。オープン1周年イベントでは、コンテナ同士をつなぐ雁木《がんぎ》を模した空間に、上越市内だけでなく、周辺自治体からも出店していた。雁木は豪雪地帯の商店街などに見られる雪よけのひさしで、上越市の雁木は総延長16キロと日本一だ。

では、既存の商店街はどうか。「まち・ひと・しごと創生基本方針2017」では、空き店舗の活用に向けて軽減されていた固定資産税の住宅用地特例を解除する方針を出した。商店街にはTMO（Town Management Organization）やチャレンジショップ支援など、さまざまな補助金に基づく施策が行われてきたが、初めてムチを振るう形になる。たしかに、店舗という「箱」ではなく「空間」を活かす平原さんのようなアイデアは、行政主導では生まれない。

最近増えつつある、自ら楽しみながら空き家を再生していくセルフリノベーションを松村秀一氏は、著書『ひらかれる建築――「民主化」の作法』（ちくま新書、2016年）で「建築の民主化」として紹介している。こうしたわくわくを創り出すためには、地方創生を住民の手に取り戻す「民主化」が必要だろう。

立ち上げ前に見せてもらった設計図と完成予想図

フルサット１周年イベントのにぎわい

図面を見せてもらったときにはなかなかイメージできなかったものが、形になり、そして新たな賑わいをつくり出す。その場に参加していないと味わえない、わくわく感。この当事者になるために地方に向かう若者たちもいるのだろう。

地方移住をめぐる現状と課題

地方創生の希望としての移住者

２０１７年は東京23区への転入超過数が2年ぶりに前年を上回る一方で、筆者が勤めるふるさと回帰支援センター（以下「センター」という）の相談件数は初めて3万件を超えた（図1）。２００７年からの10年間で13・4倍という急増は、地方移住の動きの本格化をうかがわせる。ただし、東京への一極集中の勢いは止まらない。地方創生の見直し議論のなかでも、一極集中にどう歯止めをかけるかが論点になっている。

２０１４年に発表された、いわゆる「市町村消滅論」（増田レポート）を契機に、２０１５年度からの「まち・ひと・しごと創生総合戦略」で「地方への新しい人の流れをつくる」と謳われ、都市部からの地方移住が明確に位置づけられた。その後、地方版総合戦略が策定され、全国で人口減少対策としての地方移住者受け入れが加速していく。

センターの相談件数を見ても、２０１５年以降の伸びが著しい（図1）。これは、地方創生交付金などを呼び水に、人口減少対策として各道府県が一斉に移住者受け入れに乗り出したことも背景にあるが、見て見ぬふりをしていた人口減というパンドラの箱が開けられたことで、対策を取らざるを得なかったからだ。

２０１４年時点でセンターに専属相談員を配置していたのは青森県、福島県、山梨県、岡山県、広島県

図１　ふるさと回帰支援センターの相談件数の推移(2008〜17年)

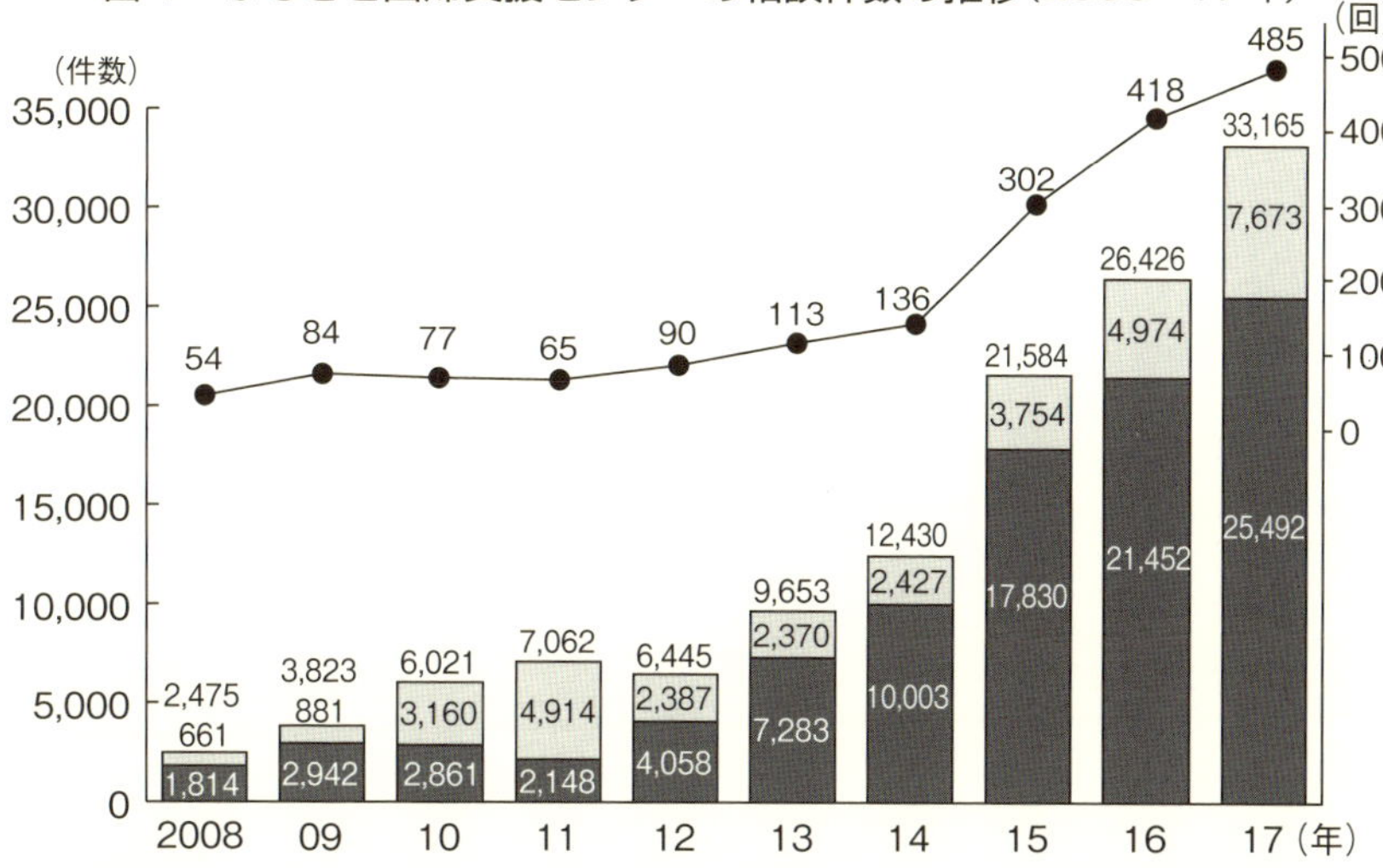

(注) ■面談・セミナー参加など、□電話などの問い合わせ、―●―移住セミナー開催数。
(出典) NPO法人ふるさと回帰支援センター。

の５県だった。だが、２０１５年には29県、２０１６年には38道府県にまで増えている(現在は39道府県)。また、移住相談会や移住セミナーの開催数も２０１４年を境に急増。２０１７年はセンター共催セミナーだけで４８５回も開催した。総務省の移住・交流情報ガーデンや道府県のアンテナショップなどで行われる移住相談会などを含めると、年に１０００回を超える。

　こうして地域間で移住者獲得合戦の様相を見せ始めている。ただし、これはいまに始まった話ではない。

これまでの地方移住の動き

　地方移住に関しては、１９７０年代の公害問題をはじめとする都市部での居住環境の悪化や、オイルショックによる経済成長の鈍化によって、地方圏への移動、いわゆるＵターン現象が起こり始める。その後も、１９８０年代のリゾートブームからバブル期にかけての脱サラ・ペンション起業や、１９９０年代前半のバブル経済崩壊後に発生した経済的豊かさよりも精神的豊かさを求める『清貧の思想』ブームも、カント

表１　都会から地方へ向かう動きの特徴（1960年代後半〜現在）

年　代	特　　徴	時 代 背 景
1960年代後半〜70年代	学生運動やヒッピー・ムーブメントの影響による山村や離島での共同体形成、地方出身者のＵターン	日本列島改造論、オイルショック、人口地方還流、有機農業運動（日本有機農業研究会設立（1971年）、大地を守る市民の会（現オイシックス・ラ・大地）設立（1975年））、レイチェル・カーソン『沈黙の春』（1964年）、有吉佐和子『複合汚染』（1975年）
1980年代（バブル期）	リゾート地での脱サラ・ペンション経営、田舎暮らし関連の雑誌の創刊（『田舎暮らしの本』1987年）	バブル経済とリゾートブーム、アウトドアブーム、『BE-PAL』創刊（1981年）、ピーター・メイル『南仏プロヴァンスの12か月』（1989年）
1990年代（ポストバブル期）	経済的豊かさから精神的な豊かさへ、環境問題からの移住（アメニティ・ムーバー）、「新・農業人フェア」の開始（1997年）、中高年の第二の人生（『定年帰農』1998年）	バブル崩壊、カントリーライフ志向、中野浩次『清貧の思想』（1992年）、『チルチンびと』創刊（1997年）、『ソトコト』創刊（1999年）
2000年代前半	NPO法人ふるさと回帰支援センターの設立（2002年）、団塊世代の大量退職（2007年問題）への対応→2006年の高齢者雇用安定法改正で５年先送りに	自然志向とロハスブーム（クラインガルテンが人気に）、中越地震（2004年）と復興ボランティア
2000年代後半	若者の農山村回帰（『若者はなぜ、農山村に向かうのか』2005年）、フロンティアとしての農山村へのまなざし（「田舎で働き隊！」（2008年度）、「地域おこし協力隊」（2009年度）などの施策）	中越地震への人的支援としての「地域復興支援員」（2007年）、リーマン・ショック（2008年）、中国の毒餃子事件・食品偽装をきっかけにした食の安心・安全への関心の高まり、『季刊地域』創刊（2010年、『増刊現代農業』から誌名変更）
2011〜13年	東日本大震災を契機とした「疎開的移住」者、ライフスタイルを変えたい人びとの増加、定年延長後の大量退職（2012年）	東日本大震災とその後の原発事故による価値観の変化、『TURNS』創刊（2012年、『自休自足』から誌名変更）
2014年以降	市町村消滅論〜人口減少問題 地方創生の動き	「消滅可能性自治体」（日本創成会議・人口減少問題検討分科会レポート（増田レポート））、まち・ひと・しごと創生本部〜地方版総合戦略（人口減少対策としての地方移住の推進）

（出典）筆者作成。

図2　ふるさと回帰支援センター相談者の年齢構成の推移（2008〜17年）

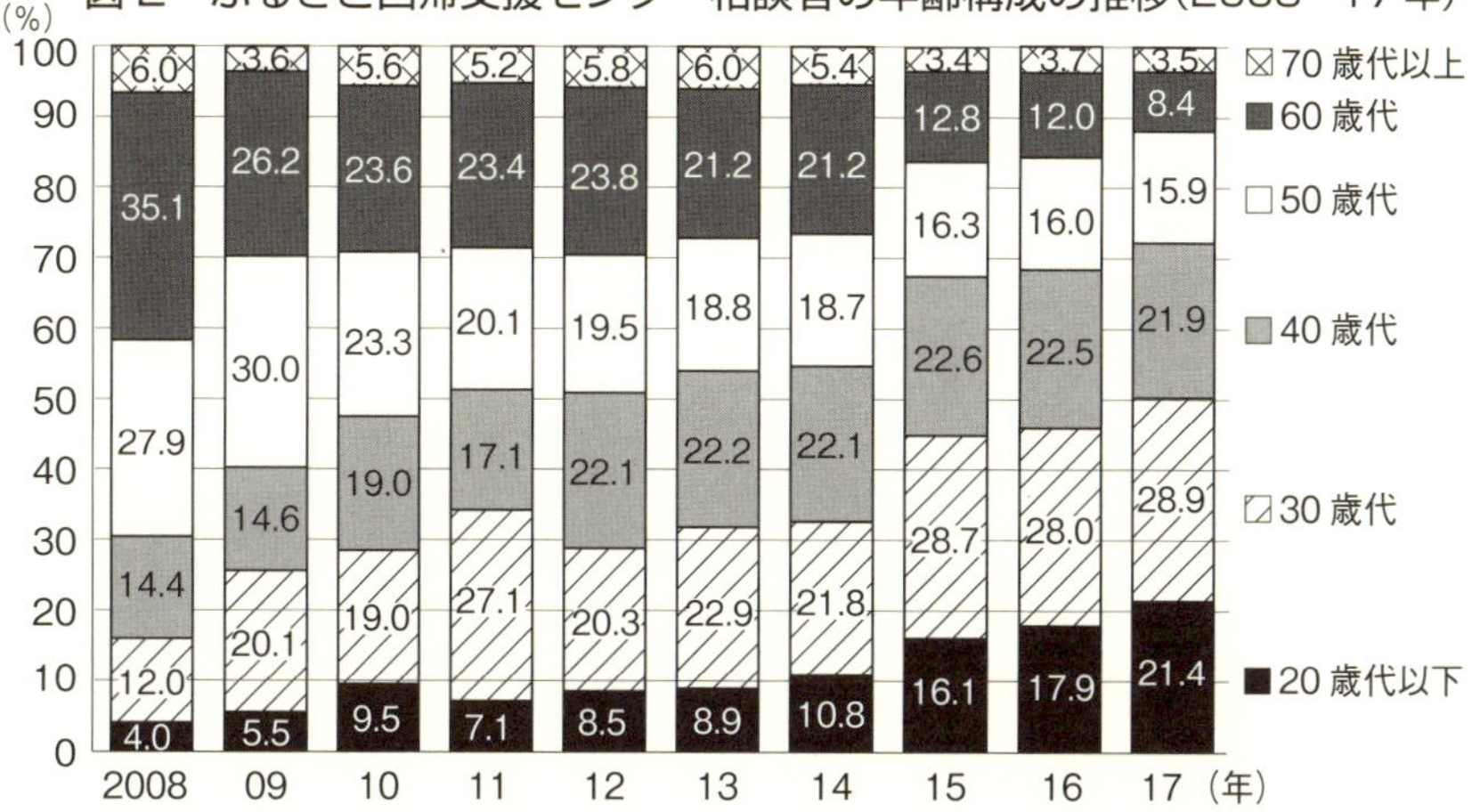

（出典）NPO法人ふるさと回帰支援センター。

リーライフ志向を増やした。また、この時期から、移住者の志向が別荘ライフから古民家暮らしへ変わっていく。

　2000年代に入ると、団塊世代の大量退職（2007年問題）を控えて、「シニア移住」や「定年帰農」という言葉で、中高年をターゲットにした移住施策が取られ始めた。テレビ番組でも、高齢移住者の退職金＋年金による悠々自適な農的暮らしをクローズアップし、農山村でのセカンドライフやスローライフを後押ししている。

　このようにさまざまな社会変動期に、都会から地方に向かう動きが起こってきた。いずれも、いわゆる「田舎暮らし」を念頭においたものである。それらを表1にまとめた。

若者の地方回帰と移住者像の変化

　図2は、センターの相談者の年齢構成の推移である。2008年に発生したリーマン・ショックを契機に、20歳代と30歳代の移住相談が増加し、近年では約7割が20歳代〜40歳代。かつての中高年世代と完全に逆転した。成熟・縮減社会において、「自分らしい暮らし」を求めて地方都市を含めた農山村への移住を望む若者が増えてきたのである。

図３　年代別農山漁村への定住願望の有無

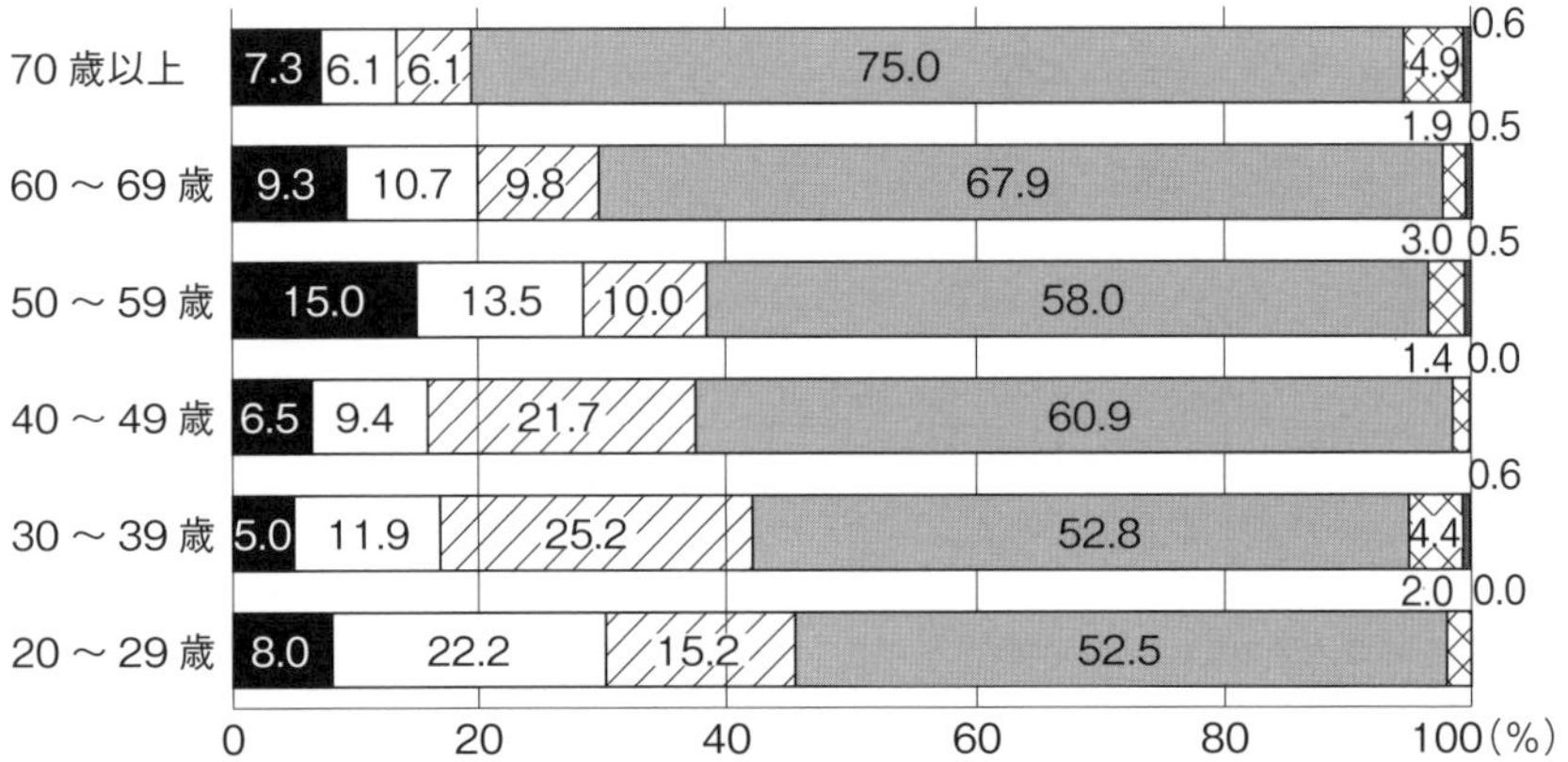

（注）■ある、□どちらかというとある、▨どちらかというとない、■ない、
⊠どちらともいえない、■わからない。

（出典）内閣府『農山漁村に関する世論調査』2005年。

国の施策も、過疎問題懇談会の提言を受ける形で、補助金によって行う地域おこしから、直接的な人材支援（補助人）が各省庁で制度化された。たとえば、農林水産省の「田舎で働き隊！」事業（２００８年度～）や、総務省の「地域おこし協力隊」（２００９年度～）などである。後者は、すでに４０００人以上の都市の若者を農山村に送り出している。また、地方創生の流れのなかで、各自治体が地方版総合戦略において移住施策を打ち出し、移住相談窓口の設置や移住に積極的な自治体のＲＰが盛んになった。

さらに、２０１１年の東日本大震災も、子育て世代の地方志向のターニングポイントと言える。福島原発事故の衝撃や首都圏直下型地震の不安から、子育て世代の「疎開的移住」と呼べるような動きが起きてきた。必ずしも「田舎」を希望しない移住希望者の出現である。

こうした動きが顕在化し始めたのは２０１２年以降であるが、潜在的なニーズは２００５年に内閣府が行った農山漁村への定住願望に関する世論調査で現れていた。定住願望が「ある」「どちらかというとある」を合わせると、50歳代の28・5％に対して20歳代は30・3％。すでに、団塊世代よりも20歳代のほうが上回っていたのである（図3）。

センターの移住相談では、出身の道府県に戻るUターン希望者が増加している（6ページ参照）。とくに、近年増えているUターン希望の若年層は、出身地の農山村ではなく、雇用のある地方都市を希望する傾向にある。こうした志向を踏まえ、生産年齢人口の流出に悩む自治体は都市圏を含めた広域圏での相談会を行うなど、都市圏の自治体と連携して、人材獲得合戦に乗り出している。一方で、人口減少対策が政策課題となったため、埼玉県熊谷市や神奈川県横須賀市といった首都圏の自治体も移住者の受け入れ施策を拡充しつつある。

そうなると、「引越」と「移住」の境目が見えにくい。過疎対策を行ってこなかった自治体にとっては、地域の担い手という意識ではなく、転入人口という位置づけになるため、その本質を捉えにくい。したがって、都市住民にとっての地方移住とは、「単に仕事や家族の事情ではなく、ライフスタイルを変える目的を持った転居」と改めて定義する必要があるだろう。

失敗しない移住先選び

受け入れる自治体は、人口減少による税収の減少や、住民自治・コミュニティ機能の低下、地域経済の衰退などの影響を懸念している。一方、住民にとっての身近な問題は「どんな人が隣に住むのか」だ。「10万円の支援」といった優遇策によって、移住希望者にアピールする自治体も見られる。しかし、「お得感」につられた移住者に来てほしいと住民は思うだろうか？

移住実現までに乗り越えなければいけない壁は少なくない。移住者も受け入れる地域も、ミスマッチがダメージになる。これまでたくさんの失敗例を見聞きしてきたが、不動産ありきの移住者や金銭的支援ありきの移住者に、「こんなはずじゃなかった」というケースが多い。

では、失敗しない移住のためには何が必要なのだろうか。マーケティング理論である消費者の行動プロセスを移住実現までの動きに当てはめると、図４のようになる。

移住にあたっての高い壁は、大きく分けて２つある。主にテレビのビジュアル・イメージによる認知から興味を持つまでと、興味を持って検索後に移住先を比較・検討し、そこから移住という実際の行動に移すまでである。後者では、「比較・検討」に時間をかけ、移住相談会や現地ツアーなどさまざまなステップを踏むことで、「移住実現」という高い壁が乗り超えられる。また、このたくさんつくられた階段の段差は低いので、一つ下ってやり直すこともできる。比較・検討段階での失敗はミスマッチではないので、後悔しないためにも、じっくり時間をかけることが重要であろう。

そして、移住決定の最終階段は住民の人柄であろう。移住者に決定の決め手を聞くと、「担当者の人柄」や「地元の人の温かさ」という声が上がってくる。

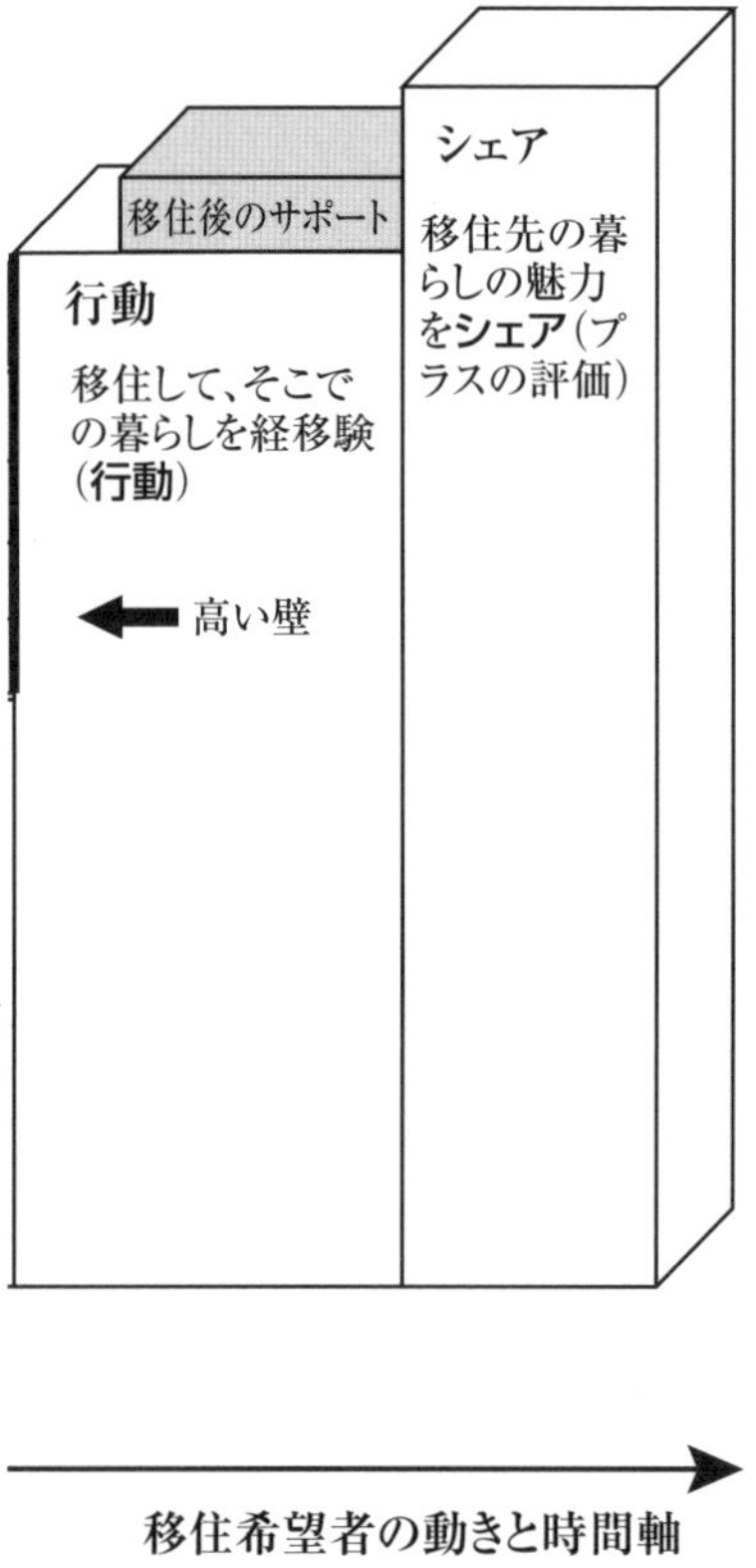

移住者受け入れとは地域づくり

移住を決断するのは本人だが、そこには受け入れる地域の行政と住民の当事者意識が関係する。両者の当事者意識が強ければ、移住後の細やかなアフターフォローが

図４　地方移住希望者の意思決定と行動プロセス

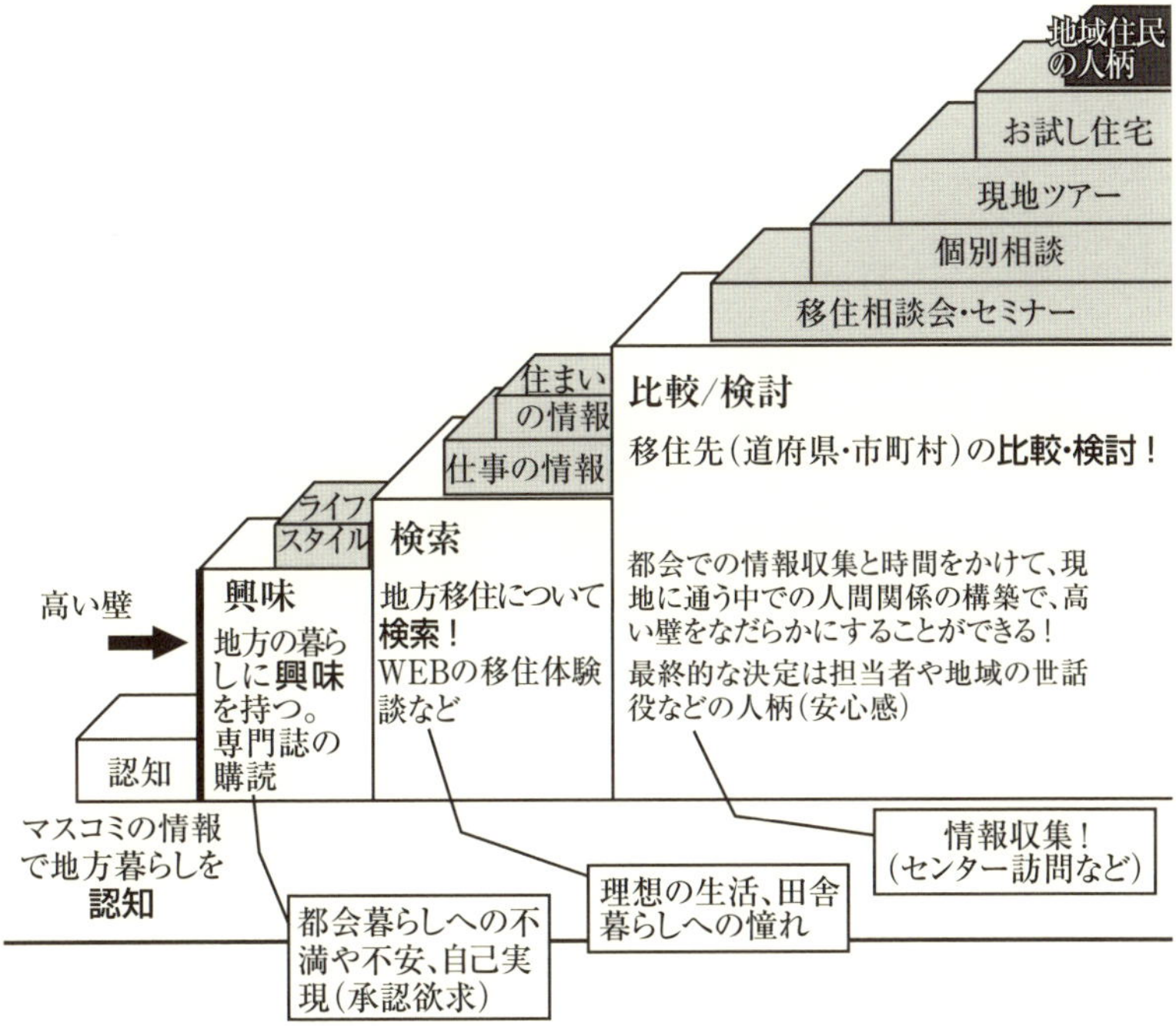

（出典）筆者作成。

行われ、そこから移住体験が発信・拡散され、共有（シェア）されていく。そして、それが新たな移住者を引き寄せるという好循環が生まれる。つまり、受け入れ側の当事者意識によって、移住者の定住率は大きく変わる。また、受け入れ前にお試し体験や交流事業を実施すれば、行政も住民もヨソモノに慣れ、意識の変化にもつながる。

移住へのプロセスを通じて、地域の魅力だけでなく欠点も浮き彫りになる。だから、移住者受け入れは魅力的な地域づくりにほかならない。日本全体が人口減少期に入り、縮小均衡が進むなかで、どうすれば自らの地域に住み続けられるのかを考える場が「移住者受け入れ」ではないだろうか。

「創生ウォッチング」が教えてくれた農山村の可能性

尾原　浩子
（日本農業新聞記者）

嵩さんが書いたこの本は、日本農業新聞に掲載したコラム「創生ウォッチング」がベースになっている。日本農業新聞の読者は、農家やＪＡ（農協）職員、農政や地域づくりなどを担当する行政職員、食べ物に関する仕事をしている人や企業関係者など幅広い。２０１８年に創業90周年を迎え、一貫して「農」に軸足を置いてきた。世界最大の発行部数を誇る日刊専門紙でもある。

２０１６年度から「地域」をテーマにした新しいページを設けることが決まり、農山村をテーマに取材してきた私が初代担当となった。移住を中心に農山村再生に関する現場と地域づくり分野の行政の情報を最もよく知っているのは嵩さんであると、私は思っている。そこで「月１回程度でよいので、地域の話題を書いてください」とお願いすると、「毎週でもよいですよ」と二つ返事で快諾していただけた。

スタートしてみると、毎週締め切り間近の出稿でひやひやしたものの、想定以上に分かりやすく、読みやすい。「田舎が可能性のあるイナカに変化しつつある現在の動き」が毎週、的確に紹介された。その「創生ウォッチング」が加筆されて単行本になれば、より多くの分野の人たちが共感し、農山村に「わくわく」するだろう。私自身もときめく。

この本のサブタイトルにあるとおり、取材していて「わくわく」を感じる農山村によく出会う。商店や病院など生活インフラの縮小、子どもの減少によって加速化する学校の統廃合、消防団や自治会の担い手

と関わりがなかった都市住民や、自分の住んでいる「イナカ」を元気にしたいと楽しみながら努力する若者など、地域を諦めない多様な年齢の住民がいる。にぎわいが各地で創出されていることを実感する。

連載のすべての回を読み返すと、農山村には可能性と希望があることが改めてはっきりと見えてくる。移住する若者や農山村に関心を持つ学生、農山村に暮らす人たちの自治に向かう新たな動きなど、「創生ウォッチング」で紹介された潮流が各地で確実に芽生え、広がってきた。嵩さんは、農山村の息吹や価値を現場目線で的確に捉えて発信している。

政府は農林水産業が「成長産業」になることを重視し、地方創生では人口をいかに増やすかを念頭に置いた施策が展開され、各自治体も人口増に懸命だ。しかし、一握りの勝ち組農家を育てることも、移住者の「数」に特化して人口を奪い合うことも、農山村の幸せにはつながらない。地域という視点で見ると、強い農業の追求だけが正解ではない。それは、嵩さんの隠れたメッセージでもある。

この本には、現場の動向、地域の課題がビジネスチャンスになる兆し、地方移住を広げるためのポイントと農泊や農地入手の課題、六次産業化の状況、知っているようで知らなかった政策情報などがふんだんに盛り込まれている。私自身は、小規模農家も農業を支える人も高齢者も農家と関わりのない人も含めて成り立つ農山村の〝小さな一歩〟が何なのかを、肩肘張らずに考えるきっかけを感じた。

「木を育てるのと同じように、長い目で人を育てる」「暮らし続けたい地域の維持も国防」「地域づくりの結果として移住者が集う」「都市農村交流事業そのものがセーフティ・ネットとしての「ふるさと」をつくる手段になる」……。冷静な視点と温かい心の双方で地域を見つめる言葉から、せっかちに特効薬を見つけようとしがちな時代への警鐘と、都市農村共生社会に向けた地域づくりの基本が見えてくる。

地域に根差した「創生」を支えるコミュニティとネットワーク

『イナカをツクル――わくわくを見つけるヒント』の読み方

筒井　一伸

「創生第一主義」へのコミュニティからのギモン

「限界（集落）」「撤退（の農村計画）」「消滅（自治体）」。1990年代後半から今日までの四半世紀、農山村を形容するネガティブな言葉が消えては誕生し、消えては誕生している。人口減少、高齢化、耕作放棄地の拡大……。たしかに地域課題として挙げられる事柄は枚挙にいとまがなく、農山村を取り巻く環境も劇的に変化してきている。ところが、どっこい〝柳に風〟のごとく、さらりとかわして巧みにやり過ごす地域の力がそこにはある。それこそが農山村の長い営みのなかで蓄えられてきた知恵と技術と協働力であり、〝イナカをツクル〟ための源でもある。

一方で「市町村消滅論」という大きなインパクトを受け、政府の「地方創生政策」が始まった。それは霞が関の論理と永田町の論理が重なり合い、同床異夢が「地方創生政策」を生み出し、しかも性急な進行を後押ししたと言われている（小田切徳美・尾原浩子『農山村からの地方創生』筑波書房、2018年）。その評価は多くの論があるが、私なりに2点を指摘しておきたい。

ひとつは、草の根から生まれた地域づくり活動が「地方創生政策」に基づき政府や自治体の事業に包摂されてきている点である。秀逸な地域づくり活動の理念を他の地域にも展開していこうという試み自体は否定しない。しかし、事業という「枠」を政府からはめられた結果、本来は異なる地理的・社会的特徴があるにもかかわらず、同じ基準に基づく地域間競争の構造に埋め込まれ、さらには地域の主体性をも欠如させていくのではないかと危惧をしてしまう。

もうひとつは、「地方創生政策」がＫＰＩ（key performance indicator／主要業績評価指標）をはじめとする指標の達成だけに過度に力を注ぐ、ゆきすぎた評価主義に陥っている点である。指標は、「創生」の結果を数値として示せる部分のみを切り取って表してしまう傾向がある。しかしながら、プロセスは二の次、手段を選ばず、場合によっては〝数字のトリック〟を動員して、示される数値のみに一喜一憂して、本来の地方創生の主体である〝地域〟から遊離した上滑りな創生も散見される。

嵩和雄氏は本書において、「地方創生政策」ではなく〝地域の創生〟を、しかも論の重心は「創生」ではなく〝主体性のある地域〟におく。本書のもととなった日本農業新聞の連載タイトルが「創生ウォッチング」であったにもかかわらず、である。また、ここでの地域は市町村という行政単位だけではない。生活の場であるコミュニティを主語とした〝わくわく〟を感じられる〝イナカをツクル〟現場を紹介している。

私と嵩氏は、大学院時代に参加した２０００年度の地域づくりインターン事業の同期生である。この事業は旧国土庁が実施した「若者の地方体験交流事業」の通称であり、〝野性と普遍性のドッキング〟という表現で都市農山村交流の価値を唱える宮口侗廸氏（早稲田大学名誉教授）の地域づくり論を具現化した事業であった（宮口侗廸・木下勇・佐久間康富・筒井一伸編著『若者と地域をつくる——地域づくりインターンに学ぶ学生と農山村の協働』原書房、２０１０年）。現在の地域おこし協力隊など「地域サポート人材」の諸政策にも考え方が通ずる、都市の若者を農山村に送り込んで協働活動を目指す都市農山村交流である。

私は愛知県北設楽《きたしたら》郡豊根村（人口１６５４人／２０００年国勢調査）に、嵩氏は長野県下水内《しもみのち》郡栄村（人口２

638人／同上）に派遣された。当時は平成の市町村合併が本格化する以前であり、全国約3250の市町村ごとの人口規模は合併が進んだ現在より小さかった。そうしたなかでも人口2000人前後は、全国的にも少ない。

しかし、住民の方々とコミュニケーションしていく過程で人口の少なさの向こうに見えたのは、人材としての人の豊かさであり、ヨソモノを受け入れる農山村の懐の広さであった。当時在籍していた大学も専門分野も異なる私と嵩氏が、派遣された地域も違うにもかかわらず同じような経験をさせてもらえたのは、〝主体性のある地域〟のコミュニティだけがもつ受け入れ力のおかげだったのかもしれない。

交流からつくられるネットワーク

では、私なりに本書の読み方を提示してみたい。本書はトピックスの集合体であるので、いい意味で全体での構造化はされていない。だが、嵩氏が「創生ノウハウ」ではなく、あくまでも〝主体性のある地域〟の動きをコンパクトに紹介しているため、全体として相応の読了感が得られる。

本書を大別すると、「地域の課題」「地域の力」「地域外からの共感（交流・移住）」の三本柱と位置づけられそうである。地域の課題は、たとえば「農的暮らしと農地問題」や「技術を伝承する難しさ」など、地域という現場を知ることで初めてあぶりだされる課題だ。それは、地域づくりの現場に近い読者であれば妙に納得する〝現場アルアル課題〟の紹介である。

地域の力は、「半農半Xとリスク分散」や「小さな拠点としての共同店」など、ステレオタイプの地域課題に抗うヒント集である。しかも、地域づくりに関心がある読者であれば知っていることが多いキーワードがちりばめられているため、自らの関係する地域への適用に読者は想像力を膨らますことができる。

さらに、ふだんは移住サポートをはじめ都市と農山村をつないでいる嵩氏らしく、「ふるさと納税とふるさと意識」や「未来への投資としての人材育成」など、地域外（都市）からの共感とその延長線上の交流や移住を介して得られる、ヨソモノの力を上乗せする地域づくりの現場を数多く紹介している。

嵩氏は現在、移住サポートを行うＮＰＯ法人ふるさと回帰支援センターの副事務局長という立場であるが、２００２年から２００９年までは7年半にわたって、熊本県阿蘇《あそ》郡小国町の（一財）学びやの里で自身も都市農山村交流を実践し、受け入れる現場で活躍していた。

小国町の都市農山村交流と言えば、「九州ツーリズム大学」（55ページ参照）、都市に住む青少年が小国町の家庭に宿泊をして、稲刈りや田植えなどの田舎暮らしを体験する「小国町うるるん体験教育」などが、よく知られている。都市から農山村への移住や、近年注目を集める関係人口にもつながる大きな潮流の基本となるのは、都市農山村交流である。嵩氏はその現場の実践者でもあったのだ。

都市農山村交流の効果はその関係づくりに注目しがちであるが、それぞれの地域内にとっても意味がある。それは、フラット化した都市と農山村（松永桂子『ローカル志向の時代――働き方、産業、経済を考えるヒント』光文社、２０１５年）の間で行き来をする楽しさへの共感に基づく仲間づくりである。

都市から農山村にまなざしを向けている皆さんも、農山村に住んでいる皆さんも、ふだん接している地域で感じている〝わくわく〟に共感する人は比較的近くにもいるはずだ。本書にちりばめられている〝わくわく〟を見つけるヒントを活かして、あなたなりの〝わくわく〟のネットワークづくりを進めてほしい。

あとがき

この本は、日本農業新聞に2016年4月から2017年6月まで連載したコラム「創生ウォッチング」をもとにして、大幅に加筆・修正したものである。連載時は、読者のほとんどが農業関係者ないし農村生活者であることを前提に、地方創生の現状を斜めに見て書いていた。日本農業新聞の尾原浩子記者から連載を依頼され、深く考えずに引き受けてから2年が経つ。

この本に限らず私の活動は、さまざまな問題に対する「なぜ？」という好奇心から始まっている。この「なぜ？」を生み出すベースとなっているのは、学生時代に見てきた各地の農村の暮らしと都市生活の矛盾、そして熊本県小国町での地域づくり活動の実践である。

巷では「東京一極集中の流れは止まらない。地方創生は失敗だ」という声も聞こえるが、それは一面しか見ていない。ふるさと回帰支援センターに相談に来る20歳代の実に4割がUターン希望者なのだ。一度都会を知ったうえで、積極的にふるさとに帰る若者が、地方を変えていくだろう。そして、こうした若者が都市と農村の関係をフラットにしつつある。

加えて、ふるさとを持たない都市の若者がもっと自由に「イナカ」をつくることができたら、地方の課題は少しずつ解決していくだろう。その思いから、この本をまとめた。

最後に、以下の皆さんに感謝して、あとがきに代えたい。

博士論文も書かずに、現場に居続けることを笑って許してくださった恩師の故・内田雄造先生。地方をなんとか元気にしたいという思いで一緒に働いているふるさと回帰支援センターの仲間たち。連載時も書籍化に関してもご尽力いただいた日本農業新聞の尾原浩子さんと、地域づくりインターン事業の同期でもある鳥取大学の筒井一伸先生。出版に際してのバタバタを見守っていただいたコモンズの大江正章さん。そして、自分のわがままを受け入れてくれたゼミの先輩でもある妻と、小国町で生まれた子どもたち。その子どもたちにとってのイナカである「来るもの拒まず、去るもの追わず」という自由な雰囲気をつくっていただいた小国町の方々。

なお、本書はＪＳＰＳ科研費（基盤研究Ｂ「田園回帰による農山村空間の変容実態に基づく日本型ネオ内発的発展モデルの構築」課題番号：１６Ｈ０３５２３／研究代表者：筒井一伸）による研究成果の一部を反映させて出版した。

２０１８年７月

嵩　和雄

【著者紹介】

嵩 和雄（かさみ・かずお）

1972年、新潟県生まれ、東京都育ち。東洋大学法学部卒業、東洋大学大学院工学研究科博士後期課程単位取得退学。修士（工学）。2001年に熊本県小国町に研究のため移住し、（公財）阿蘇地域振興デザインセンター研究員、（一財）学びやの里研究員として勤務。

現職：NPO法人100万人のふるさと回帰・循環運動推進・支援センター副事務局長、立教大学観光学部兼任講師。

主著：『移住者の地域起業による農山村再生』（共著、筑波書房、2014年）、『住み継がれる集落をつくる――交流・移住・通いで生き抜く地域』（共著、学芸出版社、2017年）など。

【監修者紹介】

筒井一伸（つつい・かずのぶ）

1974年、佐賀県生まれ、東京都育ち。島根大学法文学部卒業、大阪市立大学大学院文学研究科修了。博士（文学）。愛知県豊根村役場に地域間交流支援専門研究員として勤務の後、鳥取大学に着任。

現職：鳥取大学地域学部教授。

専門：農村地理学・地域経済論。

主著：『田園回帰の過去・現在・未来――移住者と創る新しい農山村』（共編著、農山漁村文化協会、2016年）、『移住者による継業――農山村をつなぐバトンリレー』（共著、筑波書房、2018年）など。

イナカをツクル
――わくわくを見つけるヒント

二〇一八年九月一〇日　初版発行

著者　嵩 和雄
監修者　筒井一伸
編集協力　日本農業新聞

発行者　大江正章
発行所　コモンズ
東京都新宿区西早稲田二-一六-一五-五〇三
TEL（〇三）六二六五-九六一七
FAX（〇三）六二六五-九六一八
振替　〇〇一一〇-五-四〇〇一二〇
info@commonsonline.co.jp
http://www.commonsonline.co.jp/

印刷・東京創文社／製本・東京美術紙工
乱丁・落丁はお取り替えいたします。
ISBN 978-4-86187-154-2 C 0036